雨のち晴れがちょうどいい。

67歳、野球人生に忖度なし

平野 謙
［山岸ロジスターズ監督］

中日ドラゴンズ時代

西武ライオンズ時代

初めに

忖度《そんたく》なし――。自分の野球人生を振り返り、まず思い浮かんだ言葉です。

別に毒舌というわけではない……と思います。

自分じゃ分かりませんが、性格も悪いほうじゃない……と思います。

優しいと言ってくれる人も……それなりにいます。

ただ、一度嫌だと思うと顔色にも言葉にも出てしまい、譲れなくなってしまいます。優柔不断なくせに一言多く、何度となく、周囲と衝突しました。イラ立ちが自分自身に向かい、あれこれ悩み、自暴自棄になったこともあります。

いろいろ回り道をし、時には脱線や逆走をしたこともありますが、気がつくと、誰かが助けてくれました。

本当に幸せな男だと思います。

この本は、2021年までやっていた『週刊ベースボール』の連載（同年6月21日号が最終回の『人生山あり谷あり、感謝あり』）をまとめたものです。僕の野球人生を振り返りながら、外野守備論、バント術、指導論について時々しつこいくらい踏み込んでいます。

連載時は僕が話したことを聞き書きしてもらいましたが、今回は「書籍なので、あらためて書き直してください」と言われてしまいました。「分かった」と言いながらも、ほぼほぼ、さぼらせてもらい、「ここはこう書いておいてよ」「これ、足しておいてもらおうかな」「ここはカットして」と口で言って直してもらっています。

姉（内藤洋子さん）がエッセイストだから、僕も文章を書くのが好きなのではと思っている人もいるようですが、そんなわけない！　自慢じゃありませんが、平野家の遺伝子の頭脳部分は全部姉が受け継ぎ、僕は運動神経担当です。

全面修正とまではいきませんでしたが、２０２3年1月からクラブチーム『山岸ロジスターズ』の監督として新しいスタートを切っていることもあり、連載を愛読していただいた方にも、「へえ」と、あらためて楽しんでもらえるものになったと思っています。

いろいろあった僕の野球人生を「バカなヤツだな」とクスリと笑い、時々、「あ、これは子どもたちの指導に役に立つな」と思っていただきながら、のんびりとじっくりと、お読みいただければと思います。

そうそう、僕は6月20日が誕生日で、この本が出るときには68歳になっているはずですが、67歳で書いた本ですし、67という数字がなんとなく好きなので、表紙では67

歳とさせてもらっています。
別に少しでも若く思われたいとサバを読んでいるわけではないので、あしからず。

本作の主な登場人物

平野謙　著者
平野政市、志き枝　両親
平野洋子（**内藤洋子**）　姉。エッセイスト
姉の友人のおばあさん　店を手伝ってくれた大恩人
平野清美　妻。タレント時代の芸名は秋本理央。2人の子どもは息子が2人。長男は俳優の平野潤也。孫は次男の子どもが2人
三林貞夫、森本進、鈴木正　小学、中学、高校時代の恩師
中利夫、近藤貞雄、山内一弘、星野仙一　中日現役時代の監督

広野功　中日、西武現役時代のコーチ、ロッテ二軍監督時代のコーチ

高木守道、大島康徳、鈴木孝政、谷沢健一、田尾安志、中尾孝義、宇野勝、小松辰雄、牛島和彦、郭源治、都裕次郎　中日現役時代の同僚。高木氏はコーチ時代の監督でもある

森祇晶　西武現役時代の監督

秋山幸二、石毛宏典、辻発彦、清原和博、デストラーデ、工藤公康、郭泰源、渡辺久信、鹿取義隆　西武現役時代の同僚

広瀬哲朗　日本ハムの内野手。ライトゴロの被害者

八木沢荘六、バレンタイン　ロッテ現役時代の監督

初芝清、小宮山悟、南渕時高　ロッテ現役時代の同僚

廣岡達朗　ロッテ現役時代のＧＭ

レン・サカタ　ロッテ現役、コーチ時代の二軍監督

山本功児　ロッテ二軍監督、コーチ時代の監督

小林宏之、ボーリック　ロッテ二軍監督時代の選手

ヒルマン　日本ハムコーチ時代の監督

高田繁　日本ハムコーチ時代のＧＭ

新庄剛志、稲葉篤紀、森本稀哲、小笠原道大、田中賢介、ダルビッシュ有　日本ハムコーチ時代の選手

大島洋平、平田良介、和田一浩　中日コーチ時代の選手

伊藤拓郎、柿田兼章、山崎悠生、堤雅貴、カラバイヨ　群馬ダイヤモンドペガサス監督時代の選手

高橋雅裕　群馬ダイヤモンドペガサス監督時代のコーチ

CONTENTS

第2章　中日ドラゴンズ時代　1978-1987

第3章　西武ライオンズ時代　1988-1993

第4章 千葉ロッテマリーンズ時代 1994-2002

第7章 解説者、起亜タイガース、中日ドラゴンズ時代 2009-2013

第8章 解説者、群馬ダイヤモンドペガサス時代 2014-2022

終わりに　236

序章　山岸ロジスターズ監督時代

2023—

◀◀

晴れのち？

選手の半分が大型トラックのドライバー？

縁あって、2023年1月から静岡県島田市のクラブチーム、山岸ロジスターズの監督になりました。

これで僕の指導歴はNPBの千葉ロッテマリーンズ、北海道日本ハムファイターズ、中日ドラゴンズをはじめ、社会人野球・住友金属鹿島（現日本製鉄鹿島）、韓国プロ野球・起亜タイガース、独立リーグ・群馬ダイヤモンドペガサス、そして今回の山岸ロジスターズになります。われながら幅広くやっていますね。

山岸ロジスターズは、2017年にクラブチームに登録された新しいチームで、山岸運送グループの山岸一弥社長から「時間が掛かってもいいから強くしてください」と3年契約にしてもらっています。

幸い1年目から都市対抗静岡県一次予選で優勝し、書籍の担当者からは、「次の東海二次予選（2023年6月上旬の開催）を突破すれば、本の話題性も出てくるのでお願いします！」

と安易なリクエストがありました。「簡単に言うなよ」と思いながらも頑張ったのですが……、今回はゴメンなさいでした。

1戦目は王子に1対13、2戦目はジェイプロジェクトに1対5で敗退です。「たられば」を言っても仕方ありませんが、2戦目は、もしかしたら勝てたかもしれない試合ではありました。

初回、いきなりノーアウト満塁にしながら無得点に終わりましたが、あそこで1点でも先制できれば、相手は焦ったはずです。そのあとも毎回のようにチャンスがありながら、なかなかホームにかえって来られず、敗戦となりました。

うちのように経験不足のチームは特にですが、まずは先制点を取って優位に立つことが大事になります。劣勢になると、相手が実際以上に大きく見えて、6、7割の力加減で戦えばいいのに、10割、12割を出さなければと力み返ってしまいます。

攻撃面で言えば、そうそう連打が生まれるわけではありません。まず1点が欲しいとき、送りバントは重要な作戦ですが、これもうまくいかなかった。一発で決まらず、悪循環ですが、走者は「いいスタートを切らなきゃセーフにならない」と焦って、飛び出しが早くなり、セカンドでアウトになったシーンもありました。

野球の勝敗は選手個々の力だけで決まるものではありません。力や経験が及ばなくても勝つことはできます。ただ、送りバントもそうですが、そのための最低条件が「当たり前のことを当たり前にやる」ことだと思います。

特に守備です。守りのミスは流れを簡単に変えてしまいます。捕れるボールはしっかり捕る、ピッチャーが打ち取った打球はしっかりアウトにすることを心掛けてほしいと思い、いつも梅干しを3個くらい頬張っているような顔で、口を酸っぱくして言っています。

選手は全員、山岸運送グループの社員で、半分くらいが大型トラックのドライバーと聞いています。本社に足を運んだ際、チームのエースがどでかいトラックを自在に運転している姿を見たときはびっくりしました。

『野球100％仕事100％』という創部以来のモットーどおりに、みんな一生懸命だし、素直です。うまくなりたい、勝ちたいという気持ちをしっかり持っています。

練習は平日の夕方からと土日ですが、東京在住の僕は、すべてを見ることはできません。ほかの日は部長の天野義明君に任せ、金から日まで指導し、その間は選手と一緒に寮に泊まっています。

厳しい言葉を掛けることはありますが、今のところ選手に怒ったことはありません。「なんでこんなことができないんだ」とイライラすることはしょっちゅうですけれど、選手は息子より年下ですし、怒ってできるようになるなら、そんな簡単なことはありませんからね。

まだまだ体は動きますので、ノックもやっています。この本にも、その雄姿を載せてもらおうかと思いましたが……撮影の日に、ぎっくり腰になってしまいました。

表紙の写真は少しお腹が出ているように見えるかもしれませんが、これはコルセットを巻いているからでもあります（半分言い訳です。現在、絶賛ダイエット中）。

表紙には「めざすは都市対抗出場！」と入っています。これは担当編集者が勝手に入れたもので、確かに山岸ロジスターズが２０２４年の都市対抗に出たら、この本はバカ売れするのでしょうが、さすがに、そんな甘い世界ではありません。

ボチボチやっていこうと思っています。

ただ、いつかはきっと、と思っています。

監督を務める山岸ロジスターズの選手たちと

Yamagishi

上｜山岸運送グループの山岸一弥社長（左）と
右下｜西荻窪のおなじみの店『KiKu』にて。取材の打ち合わせ場所にしている
左下｜愛する妻・清美さんと。今もラブラブです

第1章 少年時代、プロ入りまで

雨のち晴れ

1955-1977

6歳で父、11歳で母を亡くし姉と2人に

「人を憎まず、自分を見捨てず」

僕がいつも色紙に書き添えている言葉です。

悟りを開いたお坊さんみたいな言葉で、似合ってないとよく言われます。

僕は人を憎むことはしょっちゅうだし、「どうせ俺なんて」と自分を見捨てることも多々あります。

これには先があり、

「人を憎まず、自分を見捨てず、幸せな、幸せな人生を送ってください」

となります。

僕が6歳のときに亡くなった父・政市の遺書です。

当時、12歳、小学6年生だった姉の洋子に宛てたもので、本当はもっと長く、これはその結びでした。

文才があり、戦争時、召集された軍隊で仲間と俳句を書いていたと聞いています。頭のいい人だったそうです。

死因は肝硬変。酒もタバコもやらない人ですから、ウイルス性だったと思います。

最後は、ずっと入院していたこともあって、記憶の中のオヤジは、背は高いのですが、痩せて顔色が悪かった。でも、とても優しい顔をした人でした。

唯一、病院以外での思い出は、4歳か5歳のときでしょうか。スーパーカブ（小型バイク）の後ろに大きな籠をつけ、その中に僕を入れて近くの庄内川にバッタ獲りに行ったことです。ぼんやりとした記憶ですが、なぜか今も覚えています。

遺書を書き残すくらいですから覚悟はあったのでしょう。おふくろ（志き枝さん）に隠して姉宛てに書いたものだそうですが、懸命に看病してくれているおふくろに、自分が回復をあきらめたように思われては申し訳ないと思ったのかもしれません。

無念だったと思います。まだ42歳。もっともっとやりたいことはあったと思います。おふくろと子ども2人の行く末も心配だったでしょう。


うちは名古屋市内で金物屋『平野金物店』をやっていて、オヤジが死んだあとは、おふくろが一人で切り盛りしていました。オヤジの治療費や、詳しい事情は知りませんが、一緒に暮らしていた祖父母に、オヤジが死んだあとで家を出てもらった際、借金をしてまでお金を渡したこともあったらしく、資金繰りは大変だったようです。

過労とストレスからでしょう。おふくろは胃ガンになり、僕が小学6年生のときに亡くなりました。43歳です。最後は父親と同じで入院生活になり、僕も付き添いで病院に泊まって、そこから学校に通ったこともあります。

2人の死は、僕の人生観に大きな影響を与えました。「人は簡単に死ぬのだな」と刻み込まれたと言えばいいのでしょうか。

ですから、ずっと「将来××になりたい」とか、未来の夢や目標を語るのが嫌というか、できませんでした。どうしても「でも、死んでいるかもしれないな」と思ってしまうのです。

30歳を超えるころから、目標を聞かれると、「オヤジが死んだ年齢を超えることです」と言っていました。

みんな冗談と受け取って笑っていましたが、結構、マジメにです。「自分も2人と同じくらいの年になったら死ぬんじゃないだろうか」とずっと思っていました。

少し暗い話になってしまいましたね。僕が生い立ちを話すと、ほとんどの人が「大変でしたね」と驚きますが、時々「知っていますよ」と言う人もいます。

なぜかは、もう少し読み進めてください。

両親と著者。後列右が父、左が母。元気なときは旅行が好きだったという。これは大島観光のとき

17歳と11歳の2人だけで金物店を経営する?

おふくろの死はもちろん悲しかったのですが、いつまでも引きずってはいられません。なにせ、貯金はほぼゼロ。頼れる親戚もいません。高校2年生だった姉が学校を休学し、金物店を続けることになりました。

姉はしっかり者で頭もよかった。もともと大学を出て先生になるのが夢だったようですが、このとき、全部捨てました。

当時17歳の姉と11歳の僕に、大人がみんな優しかったわけではありません。まず驚いたのは、家の前にあった違う業種の店が、おふくろが死んだあと、いきなり金物店になったことです。子ども心に「そりゃないでしょう」と思いましたが、負けず嫌いの姉は、そこからさらに燃えたようです。

姉は当時について「2人で店をやった」と言ってくれますが、そんなことはありません。やっていたのは姉一人です。僕も手伝いはしましたが、あとは友達と遊んだり、普通の小学生、中学生と同じようにやっていました。

詳しい経緯は分かりませんが、途中から姉と仲のよかった同級生のおばあさんが手伝いに来てくれたのは本当に助かりました。優しい人で、店番だけでなく、ご飯をつくってくれたり、家事もやってくれました。そのおかげで姉は復学し、店をやりながら高校を卒業することができました。おばあさんがいなければ、僕ら2人は絶対にやっていけなかったと思います。

ただ、これで平野金物店が名古屋一の店になり、大金持ちになればめでたしめでたしですが、結局、僕が中学3年生のとき閉店となります。

一番の理由は、近くにスーパーマーケットができたことです。〝敵情視察〟にも行きましたが、うちよりも種類が豊富で値段もはるかに安い。正直、「こりゃ勝てんな」と思いました。うちだけじゃなく、商店街のお客さんが一気に減り、稼ぎ時だったはずの土日のほうが、むしろ閑散とするようになりました。

姉のすごいところは、このピンチにひるまなかったことです。

仕入れのために自分の生命保険を解約して買った中古車で、週末は金物店のない町まで行商に行くようになりました。

僕も一緒に車に乗って手伝ったことがありますが、自分から積極的というわけではなく、「行くわよ」と言われてついて行っただけです。客引きもしなければいけなかったのですが、人見知りするおとなしい子でしたので、大きな声を出すのが恥ずかしくて、下を向きながら「いらっしゃいませ……」と蚊の鳴くような声で言うのがせいぜいでした。

最初は結構売れたのですが、金物は寿命が長いので、毎回、毎回、買ってもらえるわけではありません。場所を変えながらやっていましたが、どんどん先細りになっていき、さすがの姉も「これはもう、潮時だな」と思ったようです。

名古屋市内で店の場所は悪くなかったので、売って引っ越そうとなり、買い手探しは、中村警察署の真ん前の不動産屋に頼みました。

当時、不動産屋というと、うさんくさいイメージもあったのですが、警察の真ん前の店ならだまされないだろうという姉の判断です。

当時のお金で1500万円ですから大金です。契約の日は一緒に不動産屋に行きましたが、姉が、小切手みたいな紙切れでだまされたら嫌だと思ったらしく、目の前に札束がドンと積まれたのを覚えています。

不動産屋のテレビでは小説家・三島由紀夫の割腹自殺（1970年11月25日）のニュースが流れていて、介錯がうまくいかず、首がすんなり切れなかったと、アナウンサーが物騒なことを言っていました。

そのお金で郊外の犬山市に家を買って引っ越し、新しい暮らしをスタートさせました。姉は最初、大きな会社の社内だけで営業をする薬局に勤めていましたが、そのあと試験を受けて警察の交通巡視員になりました。

イラストを使った交通安全活動が評価されたとかで、いつの間にか地元のラジオに出るようになり、エッセイを書いて、本まで出すようになりました。昔なのでご存じかどうか分かりませんが、『わが故郷は平野金物店』という本がＮＨＫのドラマになったのは驚きました（１９９６年放映、番組名は『ようこそ青春金物店』）。

照れくさくて放送はチラチラとしか見ていないのですが、シナリオのチェックをしてほしいと言われ、それはやっていました。内容は当然、脚色されていましたが、それより脚本家が名古屋の人じゃないのでしょうね。「おかしな名古屋弁だな」と思いながら読んでいたのを思い出します。

サッカー少年と野球少年の分岐点は悪口？

よく覚えていないのですが、子どものころ、母親とゴムボールでキャッチボールをしたことはあったようです。ただ、これは野球を始めてからもですが、プロ野球はほとんど見ていませんし、特に興味はありませんでした。

小学5年生のとき三林貞夫先生という方が僕に「野球をやってみないか」と声を掛けてくれました。どうしてそう思われたかは分かりませんが、先生は姉に「将来、平野君はプロ野球選手になれるかもしれないよ」と言っていたそうです。

ただ、中学では野球部がなかったので、1年生の夏までバスケットボール部、そのあと少しだけ卓球部に入り、最後の2年間はサッカー部でした。サッカーは今でも好きで、日本代表戦とプロ野球の試合中継が重なったら代表戦を見ることもあります。

中学は3年間、担任が森本進先生で変わりませんでした。ものすごく厳しい先生でしたが、あとで聞くと、両親がいない僕がおかしな方向に行かないように「私が見守っていかなきゃいけない」と、自ら学校に申し出て担任をされていたそうです。

少年時代の僕は、いろいろな方に助けていただきましたが、われながら、ぼうっとした子でしたので、当時は気づかず、あとになって、ちゃんとお礼を言えばよかったなと思っていることがたくさんあります。

犬山高では野球部に入りましたが、甲子園に出たいとか、プロ野球選手になりたいとか思っていたわけではありません。そもそも、最初は中学と同じサッカー部と思ったのですが、部員がたくさんいて、簡単にはレギュラーになれないと思ったのと、サッカー部のクラブ紹介です。上級生が1年生を前にクラブのアピールをしたのですが、このとき「あのクラブは不良が多い」とか、ほかのクラブの悪口を言い始めた。それを聞いて「嫌だな」と思ったこともありました。

野球部は強いチームではありませんでしたが、人数も少ないし、頑張れば試合に出られそうだなと思いました。入ってから思ったことですが、厳しい上下関係がなかったのもよかったですね。のちになりますが、大学に入って初めて体育会系の上下関係を味わい、先輩から時にはボコボコに殴られました。甲子園に出場したような同級生が、これが嫌で随分、退部しましたが、僕は「へえ、野球部ってこうなんだ」と思って逆に新鮮でした。

ちょっと変わってますかね、僕。

山道のランニングで野猿に襲われた!

犬山高で僕が希望したのがセンターです。のちに中日ドラゴンズで定位置となるポジションですが、自分の適性や将来を考えてではなく、実は不純な理由がありました。

3年生が抜けたあとにレギュラーになれるのはどこだろうと見渡したら、センターが3年生だけで、1、2年生がいなかった。先輩が卒業したらレギュラーになれるなという安易な計算です。

本当にやりたかったのはショートですが、キャプテンがショートで、2年生にも同学年にも希望者がいました。3人いたら絶対無理だなと、すぐあきらめました。競争して勝ち獲ろうとか、そういう気持ちはありませんでした。自慢ではありませんが、あきらめは、すごく早い男です。

弱い部だからかどうかは分かりませんが、監督は毎年のように変わりました。その中で、学生時代、野球を本格的にされていたのは2年生のときの監督だけです。

この方には、ずいぶん走らされました。岐阜県との境に『桃太郎神社』というのがあって、車で1学年上のエースの人と連れて行かれ、「帰りは走れ」と言われたこともありました。走るのはいいのですが、嫌だったのが、山にいた野猿です。何度も襲われました。

高校2年生の夏は、その先輩が好投して愛知県のベスト4に進んだのですが、そこで同学年の山倉和博（のち読売ジャイアンツ＝巨人）がいた東邦高にコテンパンにやられました。僕はこの大会で、時々リリーフ登板もしながら『三番・センター』で打率4割くらい打っています。ローカル版ながら、新聞に注目選手として紹介されたこともありました。

2年生の秋から本格的に投手になりましたが、誰も何も教えてくれないので、ボールの握り方もセットの入り方も全部我流でした。

このときの監督が鈴木正先生です。学生時代にやっていたのはバスケットボールで、ピッチャーのことなど当然、何も知らないのですが、非常に熱心な方でした。

投手としてのタイプは速球派にしておきましょう。実際には、ほとんど真っすぐしか投げられなかっただけですけどね。エースになった3年生の夏は初戦で負けましたが、あっさり過ぎて特にショックはなかったです。

大学では投手でMVPも、ずっと外野手をやりたかった

姉がそうでしたから、高校を出たら働くのは自分にとって決まった道のように思っていました。幸い社会人野球から誘ってもらっていたのですが、いくつか大学からセレクションに参加しないかと声を掛けてもらい、その中の名古屋商大が一番熱心で、監督が家まで来て、「特待で来てくれないか」と言ってくれました。

ここで迷います。特待生で授業料は免除ということでしたが、家の生活が楽じゃな

いことは分かっていました。姉に「大学に行きたい」とは自分から言えませんでした。でも、姉は自分が大学に行きたいのに行けなかったこともあるのでしょう。「お金はなんとかするから行きなさい」と言ってくれ、結局、甘えさせてもらうことにしました。

大学でもピッチャーでした。監督にはずっと「野手をやらせてください」と頼み、最後までOKしてもらえなかったのですが、投げないときは一塁や外野も守りました。ピッチャーが嫌いというわけではありませんが、練習が大変だからです。走ったり、投げたり、フォーメーションをしたりと、やたらやることがあって疲れます。投げるより、打つことや、時々守る外野守備が好きだったこともありました。

自慢ではありませんが、それでも3年秋は8勝して優勝に貢献し、MVPになっています。社会人も内定し、面接で「プロから話が来たらどうしますか」と聞かれて、「行きません」と答えていたのはウソではありません。ほんとにそう思っていましたし、実際、プロは、どこからも話はなかったです。

高校の恩師がドラゴンズにまさかの推薦の電話

人生はレールの上を走る列車みたいなところがあります。放っておいても、自分の意思と関係なく、進んでいきます。降りたい駅があっても、自分から立ち上がらなければ、次の駅に向かっていきます。僕は物事を自分で決めることが苦手なので、なおさらそう感じます。大学に入るときも、社会人入社が内定したときも、自分の意思というより、いつの間にかそうなっていたという感じでした。

突然のプロ入りもそうです。

始まりは、まったく気にしていなかったし、知りもしなかったのですが、1977年秋、ドラゴンズのドラフトが失敗に終わったことです。契約したのは、2位の小松辰雄、3位の石井昭男、5位の秋田秀幸の3人だけで、1位の藤沢公也さんも結局1年後に入りましたが、最初は断っていました。

単なる員数合わせでしょうが、「中日が地元から選手を獲ろうとしている」という記事が新聞に載り、それを見た犬山高の鈴木先生がドラゴンズに直接電話し、「こういう選手がいるけど、獲ってくれませんか」と言ってくれたそうです。

びっくりしました。鈴木先生にプロに行きたいと相談していたとか、そういうことはまったくありません。そもそも、思ってもいなかったですからね。

鈴木先生は、なぜか高校時代から僕を買ってくれていて、僕のいないとき、チームメートに「平野はお前らと違うから」と言ったことがあったそうです。何が違うか僕も分からなかったし、先生も野球は専門じゃなかったのですけどね。

ドラゴンズから話をもらったときも、僕は断って予定どおり、社会人に行くつもりでした。というか、社会人に行くべきと思っていました。

プロはダメならすぐクビですが、社会人に行ったら、野球が終わってからも会社員として定年まで勤め上げることができます。おふくろは金物店の経営で苦しみ、姉は店をつぶしてから仕事を変えて苦労していた。自分くらいは確かなところからお金をもらい、一生を終えてもいいかと思いました。

でも、実際にスカウトの山崎善平さんが来てくれると、優柔不断だからまた迷います。山崎さんも「員数合わせで入らんか」とは言えないので、「プロで力を試してみないか」と、もっともらしく言ってくれました。

それで「待ってください。家族会議をしますから」となりました。と言っても、姉と僕が大学1年のときに結婚した姉の旦那と、あと一人、大学の同級生で、うちに下宿していたチームメートです。同級生は、たまたまいたからついでという、いい加減な会議です。

みんな思ったよりイケイケで「社会人に入ってから、またプロから声を掛けてもらえるかどうかは分からない。プロに入るなら今しかないぞ」となり、内定をいただいた会社には断りを入れて、ドラゴンズに入ることにしました。

正直なところ、強い自分の意思で入ったわけではありません。ほかの3人に背中を押され、「やってみようかな」と思っただけです。

この決断力のなさは今も変わらず、嫁さんには「結婚したら旦那さんが引っ張ってくれるのについて行けばいいと思っていたけど、違っていた」と言われ、今はむしろ引っ張ってもらっているくらいです。

自分で決められないと書くと、「野球は大丈夫だったのですか」と言われそうですが、まったく問題はありません。プレーヤー・平野謙は決して決断力のないタイプではありませんし、それ以前に、打撃も守備も走塁もですが、考えて決めていたら間に合いません。

そこは任せてください。

第2章

中日ドラゴンズ時代

曇りのち晴れ、最後は嵐

1978-1987

まったく期待されていなかったらしいプロ入り

紆余《うよ》曲折はありましたが、期待のホープとして、めでたく、ドラフト外1位で入団……は冗談です。ドラフト外は僕一人でしたし、背番号は81。当時、選手としてはずば抜けて大きな数字で、期待されていなかったことがよく分かります。「お前はコーチで入ったのか」と、よく冷やかされました。

この年から投手コーチになった西鉄ライオンズ（現埼玉西武ライオンズ）の伝説の大投手、稲尾和久さんがライオンズの監督時代に着けていた背番号だったそうで、僕の洗濯物に、よく稲尾さんの小さなパンツが紛れ込んでいました。昔の人は下着に背番号をマジックで書いて洗濯の袋に入れていたので、係の人が間違えたのでしょう。稲尾さんも、まさか背番号81の選手がいるなんて、分かっていなかったのかもしれません。

ただ、お互いさまと言えばいいのでしょうか。僕も稲尾さんのことはまったく知らなかった。プロ野球はテレビでもほとんど見たことがなく、愛知で生まれ育ち、野球をしながら、中日ドラゴンズの選手すらほとんど知りませんでした。

春季キャンプは静岡の掛川で一軍と一緒にやっていたのですが、プロの洗礼というのか、壁にぶつかりまくっていました。

覚えているのは初めてフリー打撃で投げたときです。最初は正岡真二さん。ムスッとして、怖い人だなと思ったら、もうダメでした。途端に緊張してしまい、ストライクがまったく入らなくなった。そのあとは神垣雅行さんでしたが、宿舎の部屋長だったので、少し落ちついて投げたら、なんとかストライクが入りました。正岡さんに投げていたときは、このままクビになるかと心臓がバクバクしていましたから、命拾いした気持ちでした。

「ああ、俺はプロでは無理なんだろうな」と思ったのは、春季キャンプ中に監督の中利夫さんに「卒業式で一度、帰ります」と報告したときです。「おお、ゆっくりしてこい」と言われ、「期待されてないんだな」とあらためて思いました。

シーズンに入ってからですが、ナゴヤ球場で試合があるときは若手が二軍の試合のあとに打撃投手をすることがありました。1976年の首位打者で、すでに大スターの谷沢健一さんに投げていたとき、打撃投手ですから、打たせなきゃいけないのですが、あまりカンカン打たれたので腹が立ち、腕試しじゃありませんが、1球だけ力を入れて投げたら、左打者の谷沢さんにレフトにホームランを打たれました。

1年目、稲尾さんに一度だけ指導を受けたことがありましたが、あとは頭越しにしか言わないコーチから「なんでできない」と言われまくっただけで、ほぼほぼほったらかし状態でした。ドラフト外は半分テスト生みたいなものです。球団も、万が一使えるようになればラッキー、ダメなら打撃投手にでもしようかくらいだったと思いますし、僕も「ここからはい上がってやる」とか、そんなハングリーな気持ちはまったくありませんでした。

じゃあ、すぐクビになってもいいと思っていたのかと言われると、そんなことはない。自信もなく目標もなく、『中日ドラゴンズ』という列車の隅っこに乗っていただけです。

二軍での2勝をずっと自慢にはしているが……

1年目はずっと二軍でしたが、夏場に入って少しずつ調子が上がり、後半、ウエスタン・リーグながら2勝を挙げました。

今となっては、僕がプロでピッチャーをしていたこと自体知らない人が多く、自慢の2勝なのですが、知り合いには何度も言っているので、今では「またですか」という顔をされるようになりました。

2勝とも南海ホークス戦（現福岡ソフトバンクホークス）だと思いますが、印象深いのは、勝ち投手にはなれなかったけれど、シーズン最後の登板になった試合です。クラウンライター・ライオンズ戦（現埼玉西武ライオンズ）をナゴヤ球場でやったのですが、8回まで0点に抑え、最後の最後にホームランを打たれ交代した試合です。一軍の真弓明信さん、若菜嘉晴さんも調整で出場していて、ちょっとだけ自信になりました。

今もそうですが、一軍の順位がほぼ決まってくると、来季を見据え、シーズン終盤は、二軍から若手が昇格することがよくあります。あとで聞いた話ながら、この年、僕にもチャンスがあったそうです。でも、誰が言ったかは知りませんが、「81番は一軍で投げる番号じゃないから、やめておこう」と却下されたらしい。背番号で決めるなんてひどくないですか！　一軍登板があれば、自慢話が増えたのに残念です。

外野手時代の強肩のイメージから「ピッチャーをしていたなら球は速かったのでは」と言われることもありますが、大したことはなかったと思います。たぶん、じっとして投げる技術がなかったのでしょう。これも向き不向きです。

でも、誰かが盛って「平野の若手時代は150キロ出てた！」と言ってくれたら、後付けですが、一軍で売り出していた小松辰雄みたいに『ウエスタン・リーグのスピードガンの申し子』と言われ、自慢が増えたかもしれないですね。
今からでも真弓さん、若菜さんに頼んでみようかな。この本を読んでいたら、よろしくお願いします！

2年目の1979年、背番号が57に変わりました。変わらず大きい数字ではありますが、最初が81ですから、ものすごく小さくなった気がしました。励みになったのは事実ですし、縁のある、いい番号をもらったなという思いもありました。5月7日が母親の命日だったからです。のちになりますが、1982年、昭和57年は僕のブレークイヤーにもなり、そのあと57は彦野利勝や英智も着け、ドラゴンズの出世番号とも言われました。一つ自慢しておけば、僕が出世番号を着けたわけじゃなく、僕が出世番号にしたのですけどね。

2年目早々投手失格で、いきなりクビの危機

ただ、「よし今年は！」と思った2年目の1979年は、春のキャンプから調子が上がらなかった。紅白戦に登板したとき、アウトコースに投げたら、左打者の藤波行雄さんにレフトにきれいに打たれたことがあります。ホームランではなかったのです

が、自信を持って投げた球だったので、ガクンと来ました。

この年のオープン戦が終わったあとくらいでしょうか。トレーナーが僕に何も言わず、監督、コーチに「平野のヒジはもうダメです」と言っちゃったらしい。それで、いきなり投手はクビになってしまいました。

僕の右ヒジは大学のときデッドボールを受け、そのまま我慢して投げていたら、出来上がりがすごく遅くなってしまいました。医者に行っていないので分かりませんが、球が当たったとき、じん帯が緩んだか、痛みを我慢して投げているうちに、軟骨のネズミが出たかでしょう。1年目がそうでしたが、春先の寒い時期は痛くてたまらず、暖かくなってから少しずつ投げられるようになっていました。

ヒジのことはトレーナー以外には誰にも言わなかったのですが、気づいてくれたのが、鈴木孝政さんです。孝政さんは快速球を武器にリリーフエースとして活躍されていた方ですが、僕が入ったころはヒジ痛で苦しんでいました。よく「どうだ、ヒジは」と声を掛けてくれました。「痛いです」と僕が言うと、いつも「俺だって痛いよ」と言って笑っていただけですが。

当時のドラゴンズは個性派が多くて、トップ選手は若手を相手にせず、あいさつしても返してくれなかったのですが、孝政さんは違いました。実は、僕が入団時に聞いたウワサは逆で、「孝政さんは新人投手が入るたびにいびってつぶすから気をつけろよ」でした。谷沢さんについても「谷沢さんは、こっちの話を聞かず、誰とも口をきかないぞ」でしたが、これも違った。打者に転向した翌年の話ですけれど、谷沢さんが故障で二軍にいたとき、試合中のスイングルームで、バッティングについていろいろアドバイスをしていただきました。

人のウワサなんて、そんないい加減なものです。

投手をクビになったのは、やはりショックでした。前年2勝を挙げたこともあって、ひょっとしたらやれるのかなと思っていたこともあります。春先だけで判断されたことに対しての悔しさもありました。

投手失格で「このままクビか」と思っていた僕に手を差し伸べてくれたのが、広野功コーチでした。新聞の解説者をしていたとき、大学時代にたまたま外野手をしていた僕を見ていたそうです。それで「平野は野手のほうがいい」とずっと言ってくれていて、このときも野手転向を決めてくれました。

楽しかった寮生活。門限破りを怒られなかった秘策

マジメな話が続いたので、ちょっと脱線しましょう。

グラウンドでは悲壮感を漂わせながら必死にやっていましたが、まだ若いし、はっきり言って、かなり遊んでいました。

当時、大学出は2年間寮生活と決まっていて車も禁止だったのですが、僕は確か59万円のトヨタの中古車を買って、休日のたびに出掛けていました。車は寮の近くに路駐（路上駐車）です。寮長の岩本信一さんにはバレていたと思いますが、ほかにも乗っているヤツはいたし、特に何も言われませんでした。

寮は外泊禁止で門限もありましたが、僕は気にせず遊んでいました。地元ですし、高校、大学時代の友達もいます。当時、姉が犬山の家を出ていて、誰も住んでいなかったので、時々、様子を見に行き、ついでに泊まったこともありました。

岩本さんは、ものすごく懐の深い人で、門限に遅れても、甘い大福をお土産に買ってきたら笑って許してくれました。ただ、さすがに朝帰りや外泊はそうもいきません。ここで考えた、怒られない秘策があります。

部屋のカギは、自分と、あとは寮長室にスペアキーがありました。時々、門限を過

ぎても帰ってきていないヤツの部屋を寮長が確認で開けたりしたのですが、僕はこのスペアキーをこっそり拝借し、自分で管理していました。だから寮長も部屋をのぞけない。外から声を掛けられたとしても、あとで「寝ていました」と言い張ればいいだけです。

一度だけ失敗したのは電話が原因でした。昔は携帯電話なんてないし、電話も貴重品で、寮も共同電話だけで個人は禁止でしたが、僕は勝手に部屋に取り付けちゃった。工事もあったのに、われながら大胆です。

ただ、僕らはツボさんと呼んでいたのですが、2年目からの寮長の坪内道典さんは、岩本さんと違って、かなり細かかった。何度か門限破りで怒られ、ツボさんにも大福を渡して許してもらおうとしたのですが、「僕は受け取れません」と真顔で言われちゃいました。

それでもスペアキー作戦は継続していましたので、運悪く出くわさない限りバレなかったのですが、ある日、いつものように門限を破って足音を忍ばせて帰ってきたら、部屋の前にツボさんが怖い顔で立っていた。

「なんでいないのが分かったんですか」

と聞いたら、「部屋でずっと電話が鳴っていたぞ」って。

そりゃバレますよね。

ただ、ツボさんがマジメな人かどうかは分かりません。「俺がギャンブルしなかったら、家の1軒は建てられていたな」が口癖でしたから。

スイッチヒッターの最初は自打球ばっかりだった

投手クビのあとは外野手です。大学時代に守り、もともと興味があったポジションなので、投手よりむしろ楽しかったくらいですが、打撃は簡単ではありません。広野さんに付きっ切りで教えてもらいました。

この年は二軍でひたすらバットを振っていましたが、一つ感じていた課題がインコースです。特に体に入ってくる右投手のシュート系をまったく打てずに苦しみました。詰まると手が痛いし、嫌でしたね。昔は体にわざと当てにいくようなピッチャーもいましたし、僕のように長打がない非力なタイプはかなり厳しくインサイドを攻められました。

そこでひらめいたのが、スイッチヒッター転向です。当時は流行りというのか、読売ジャイアンツ（巨人）の松本匡史さん、広島東洋カープの髙橋慶彦とか、各球団にスイッチヒッターがいた。彼らを見ていて、「そうか、左に立てば（右投手の）インサイドのシュートがなくなるんだ」と思ったのです。正直、「右でインサイドを攻略するより、楽かな」くらいの、安易で、僕にありがちな不純な動機でした。

最初は、3年目、1980年のオープン戦の試合前だったと思います。広野さんに「見てください」と言って、左で何度か振ったら「なかなかいいじゃないか」と言ってくれ、「じゃあ、やります！」「よし！」となりました。今、思うと広野さんもいい加減です。

すぐ試合でやったわけではありません。というか、そのレベルじゃなかった。練習でも自打球ばかりで、足があざだらけになっていました。

翌1981年だったと思いますが、引退してコーチになっていた髙木守道さんにもアドバイスをもらったことがあります。この人は、いわゆる天才です。「バッティングなんて簡単だ。ボールが前から来るんだからそれを前で打てばいいんだよ」と言われ、「それは分かっているんですけど、できないんですよ」と言ったこともあります。

守道さんは球界を代表するスーパースターで、僕ら後輩には寡黙で近寄りがたい雰囲気がある方でした。普通は若造が言い返せるわけもないのですが、僕は、そういう言葉が、ついつい出ちゃうんですよね。

そんな人なので、左打ちに関しても「上からガンと振り下ろせばゴロになる。お前は足が速いんだから、それで一塁セーフだろ」とだけ言われました。でも、上からたたきつけようとすると、つくった左ということもあって、どうしてもヘッドが先に出て、後ろの左手をかぶせるように使ってしまいました。そうすると間違いなく自打球になり、右足のスネに当たります。トスバッティングで右スネに当たったことがあるくらいです。

もっと言えば、試合で上からボールを打ち下ろすことは、ほぼほぼ不可能です。バットの軌道とボールの軌道の接点が一つになりますから、当てるだけで一苦労ですし、うまく当たっても自打球か、ボールの下に入ってスピンが掛かり、逆にフライになります。打ち方を変え、ボールをレベルスイングでとらえるようにしてから、やっと当たるようになりました。

ただ、だから間違った教え方というわけではなく、上からでもグリップから出ていくようなスイングなら、ボールに内側から入れられるので自打球にはなりません。加えて、もともと僕は右打ちの感覚があり、どうしても左打ちでも右肩を使いたくなり、上がってしまうクセがありました。その感覚を修正するためには、振り下ろす意識が大事だったのかなと、あとあと思いました。

当時は自分のスイングを映像ですぐ確認できたりするわけでもないし、コーチのアドバイスも感覚的なことが多かった。完全に手探りでしたが、いろいろやりながら、気づきながらやっていた感じです。


少し話がそれますが、高木守道さんで思い出したことを2つ書いておきましょう。


まずはファーム時代です。広島市民球場で一軍と二軍の対広島の親子ゲームがありました。二軍の試合を終えた僕らが一軍の試合を見学していたら、カープの選手の打球がレフト線に飛んだ。スタンドの中段からだったので野手全体の動きが見えましたが、左中間にカットマンで現れたのが、セカンドの守道さんです。

あっと言う間です。かなり深い位置まで来ていたので、打球が飛んだ瞬間にダッシュしなければ間に合わなかったと思います。普通ならショートが入ると思いますが、自分が入ったほうが確実と思ったのでしょう。

ゲームは生き物です。基本だけではなく、ケースに応じた動きが瞬時にできる選手は素晴らしいと思います。守道さんは、それができる人でした。

僕が一軍に上がったときは、もう引退されていたので（1980年限りで引退）、一緒にプレーすることはなかったのですが、試合を見ていてバックアップの動きがものすごかった。いつも「なんでここにいるんだ！」という場所にいました。

野球が好きだったからこそできたのだと思います。ずっと野球のことを考え、何か面白いことをしてやろうと思っていなければ、あれはできません。

さらに脱線しますが、僕が一番最初に守道さんを見たのは高校時代です。テレビで中日―巨人戦を見ていたら、ピッチャーのスローカーブが暴投になって、打席の守道さんがパッと手で捕った。しかも、無表情のまま。

あれは笑いました。プロ野球には面白い人がいるなと思い、僕がプロ入り前に名前を覚えた数少ない選手の一人になりました。

今度こそクビになりそうな危機を近藤貞雄監督に救われる

この年、二軍でも左打ちを試合ではやらず、練習だけでしたが、それなりに手応えをつかみました。それで「よし、来年からスイッチで勝負するぞ！」と思っていた1980年オフ、なんと僕は整理選手、いわゆるクビ候補に入っていたそうです。

直接聞いたわけではなく、あとで聞いた話ですが、そのリストをつくった中さんが監督を退任されたことで、僕の運命が変わりました。

次の監督が当時55歳の近藤貞雄さんです。「念のため整理選手リストを見せてくれ」と一人ひとりをチェックし直したそうですが、そこでコーチだか誰だかは知りませんけれど、「平野という選手は足はまずまずで、外野の守備はいいが、バッティングがまったくダメです」と、しごく正直に報告をしたらしい。近藤監督は「だったら守備固めで使えるかもしれんから1年間、残してみようか」と言ってくれたそうです。

アイデアマンの近藤監督は、アメリカンフットボールのように、攻撃的なメンバーでリードし、そのあとは守備重視のメンバーに代えて逃げ切るような戦いを考えていました。だから、僕みたいに守備しか売りがない選手でも使ってみようと思ってくれたのでしょう。

監督が近藤さんじゃなければ、間違いなくクビでした。しかも実際、試合で使ってくれましたからね。いくら感謝してもし切れない方です。『プロ野球選手・平野謙』の生みの親と言ってもいいでしょう。

ユーモアのある面白い人でした。僕が一番好きだったのは、腕を後ろで組んで、審判に体をぶつけながら抗議しているシーンです。審判とお腹のぶつけ合いみたいになっていましたが、抗議はしても手は出さないというアピールです。それも、最初に抗議した選手を押しのけるように自分が前に立ち、「退場させるなら、選手じゃなく、俺を！」みたいな感じで、それも監督としてカッコいいなと思っていました。

オシャレで新しもの好きな方ではありましたが、いわゆる古きよき野球人でもあり、「門限を破っても何してもいいけど、ユニフォームを着たら責任を持てよ」という方でもありました。僕にぴったりです。お言葉に甘えて、そのようにさせていただきました。

近藤監督の1年目、1981年は、外野手が故障者だらけだったこともあり、ずっと一軍に帯同しました。スタメンはほとんどなく、多かったのは（チャーリー・）スパイクスという、まったく守れない選手の守備固めです。結局110試合に出ましたが、7回くらいから出て、打席は1打席だけが多かった。〝一軍に定着した〟のではなく、〝一軍にいさせてもらった〟1年です。

当時は二軍戦も出ていましたから、ナゴヤ開催なら1日2試合、いわゆる親子ゲームをやっていました。若いとはいえ、体はきつかった。寮はすでに出ていましたが、家に帰って風呂に入ったまま寝てしまい、起きたら家中、湯気だらけだったこともあります。お湯が冷たくなって水になっても寝ていたら、もしかしたら死んでいたかもしれませんね。

この年のオフだったと思いますが、衝動買いで給料の3倍のベンツを買いました。球場に乗って行ったら、「うちの選手で外車に乗っていいのは守道さんだけだ！」と先輩に怒られましたが、買ってしまったものは仕方がない。

僕は、どうも人と違うことをしてしまうところがあって、ファッションもみんながパンチパーマか角刈りで、ヤクザみたいなド派手な服を着ていた時代に、爽やかな、と自分で書いたらいけませんが、髪を刈り上げ、ジーンズ、Tシャツで球場に来ていました。

これも先輩には大ブーイングでしたが、「知るか！」と無視です。そのあと1カ月くらいして谷沢さんがジーンズを履いてきたのにはびっくりしました。こっちは国内の安物、谷沢さんは海外ブランドの高そうなものでしたけどね。

星野仙一さんの一喝にムカつきながらもプロの自覚

ドラゴンズ時代、よくも悪くも、なぜか僕の節目にいたのが星野仙一さんです。以下は仙さんと書かせてもらいましょう。

まず、1981年、一軍に定着するきっかけが、仙さんが投げていたオープン戦でした。二死二塁でセンターの僕の前に打球が来て、低いボールでホームにダイレクトで返し、アウトにしたシーンがありました。仙さんは「すごいな。俺がホームのバックアップに向かう前に、もうボールが来ていてびっくりした！」と褒めてくれ、近藤監督も「こんなすごい守備をするヤツを一軍に残さんわけにいかないだろ」と言っていたそうです。

さらに続く1982年、僕は開幕の広島戦（広島。4月4日）に二番・センターのスタメンで出してもらい、先発の北別府学の真ん中に来た球を、真っすぐかと思って振ったら、スライダーで右ヒザに当たる自打球になりました（左打席）。そのあと守りには行ったのですが、帰ってきたら痛みがもう我慢できず、自分から言って代えてもらいました。

ベンチ裏でアイシングしていたら、仙さんが来て、「お前、何をしているんだ！

せっかくスタメンのチャンスをもらっているのに自打球くらいで休んでどうする！」と、ものすごい剣幕で怒られました。兼任コーチではありましたが、向こうは現役の時代です。

「なんで俺、この人に、こんなに怒られているんだろう」と思いながらも、まだ一軍半の男ですし、「ハイ」としか言えません。

ただ、はっきり言えば、かな～りムカつきながらも「それもそうだな」と思い、それからは多少のケガでも無理して出るようになりました。仙さんに言われていなければ、そういう〝出る、出る〟の選手にはならなかったと思います。

ヒザを痛めたあとは、自転車のチューブを巻いて固定し試合に出ていました。今の人は不思議に思うかもしれませんが、昔はそうやっていました。僕は坐骨神経痛があったので、痛みがひどいときはそれもチューブを巻きつけていました。あまりやるとうっ血するし、いい加減なやり方ですが、なんとか動けるようにはなります。

次の試合は、自分から「出させてください」と言って出場し、阪神タイガースの宇田東植さんからプロ初ホームランを打っています。狭いナゴヤ球場でしたが、左で打ち、ライトスタンドギリギリです。田尾安志さんが一塁ランナーで、入るわけがないと思ったのでしょう。全力疾走し、三塁コーチに言われて、やっとゆっくり歩いたと、あとで聞きました。

仙さんには何度も怒られました。怒られても仕方がないことばかりで、とんでもなく間違えたことは一度も言われていません。ただ、時々、「なんであんたにそんなこと言われなきゃいけないんだ!」と思って顔に出てしまうときもあり、あとで触れますが、結果的にはドラゴンズを離れることにつながってしまいました。

全部セーフティーバントなら打率5割達成?

1982年からセンターのレギュラーになり、二番打者として当時のシーズン日本新記録51犠打をマークしています。バントが好きだったわけではなく、近藤監督がバントを多用するタイプであり、チームが優勝争いをし、しかも一番の田尾さんの出塁率が高かったこともあります。

最初からバントのサインばかりだったわけではありません。シーズンに入ってしばらくは、僕もそれなりに打っていたので、それほどバントのサインはありませんでした。1カ月くらいして、コーチの黒江透修さんから「田尾は、どんどん塁に出るから、お前はバントを練習しとけ」と言われ、回数が増え始めたように記憶しています。

バントの練習自体は、その前からよくやっていました。バッティングに自信がなかった僕にとっては、試合に出るための武器になります。ただ、最初は右打席ではできたけど、慣れない左打席ではうまくいかなかった。オープン戦のころは、バントのサインが出ても、コーチに言って、右投手でも右でやっていました。

バントは、マシンでとにかく練習しました。誰も教えてくれないから、すべて我流です。いかにボールの勢いを殺すかを考えたり、あとはファウルゾーンに切れやすいライン際をどう残すかとか、当てる位置を変え、いろいろな回転を掛けたりと、工夫してやっていたら、途中から面白くなってきました。マシンだから時間を気にしなくていいし、誰にも遠慮はいりません。遊び気分があったからこそ、あれだけ長く、飽きずに練習ができたのだと思います。

バントの成功率に関しては、田尾さんの存在も大きかったと思います。「お前はきっちり転がすことができるから」と無茶苦茶スタートがよかった。時々、投手前に強いゴロになって「しまった！」と思うときがありましたが、それでも楽々セーフにしてくれました。51個のうち、田尾さんのおかげでの成功も少なからずあります。

近藤監督には、「送りバントの場面でも、最初から構えるとアウトになってももったいないから、1ストライク目はセーフティー気味にいけ」と言ってもらい、それが面白いように決まりました。あの年は走者がいないときのセーフティーバントもよく決まったので、近藤監督は僕が普通に打って凡退して帰ってくると、「全部バントをしろ。そしたら5割バッターだぞ」とよく言っていました。警戒されるから簡単ではないでしょうが、実際にバントとバスターのみでやったらどうなったのでしょう。試してみても面白かったかもしれないですね。

バントは途中からすごく楽にできるようになりました。技術の上達に加え、相手バッテリーが、「どうせバントされるんだから、警戒して球数を増やしたり、四球を出すより、最初からやらせちゃおう」になってきたからです。こうなればこっちの勝ちです。極端に球を外したり、内角を厳しく攻められたりすることも少なくなりました。

ただ、僕のバントが定着してくると、今度は「成功して当たり前」と思われるプレッシャーが出てきます。周りは、僕が簡単にバントしていたように思っていたかもしれませんが、1球1球集中しなければできるものではありません。

これは西武ライオンズ時代ですが、失敗したとき、コーチに「なんでできなかったんだ」と言われたことがあります。相手は年上でしたが、現役時代、バントがうまいわけでも重要視していたタイプでもなかったので、カッときて「やれなかったから仕方ないだろ。やったことないヤツに言われたくねえよ！」と言い、ケンカになったこともあります。

コースを狙うより球の勢いを殺すのがバントのコツ

バントを僕の代名詞のように思っている人も多かったと思いますが、僕にとっては生活の手段でした。できて当たり前、できなきゃスタメンに入れません。

バントがしづらいと思った投手は特にはいませんでしたが、あえて言うなら、変化球ピッチャーです。昔は大きなタテのカーブを投げるピッチャーが多かったのですが、タテに変化していく球は、どうしても目で追い掛けてしまい、目線がブレやすくなります。

ただ、新聞記者に「どういう球がバントしづらいですか」と聞かれると、必ず「高めの速い球です」と言っていました。バットの上っ面に当たりファウルになりやすいと、ここを苦手にするバッターもいますが、僕は一番やりやすかった。球がどれだけ速かろうが、マシンでやっていれば慣れますし、高めは、ストライクゾーンの一番上にバットを構え、スクイズ、バントエンドラン以外であれば、それより上はボール球と見送ればいいから楽です。

相手が普通のシフトなら、球の勢いさえ殺せば、別にライン際じゃなくても走者は進めることができます。コツは、グラブでボールを受けるときと同じように当てることです。バットの芯の少し先で捕球するようなイメージで当てると、うまくボールが殺せます。

ただ、昔は極端なチャージもありました。目の前まで一塁手、三塁手が来たときは見送るしかありませんが、それでもやるしかないとなったときは投手を狙います。一番守備に慣れていないはずだし、投げ終わってから動くのでバランスを崩すこともあります。チャージがなくてもあえて狙うこともありました。

もう一つ、これはコツというより心掛けたことですが、どんなタイミングでも一塁へは全力で走りました。自分が生きるためではなく、一目散に走ると、捕るほうの余裕がなくなるからです。そうなると、指示がない限りファーストに投げるはずですが、焦っているので暴投の可能性も出てきます。

バスターはしましたが、プッシュバントはあまりしなかったですね。西武時代ですが、近鉄バファローズの野茂英雄が、投げたあと一塁側に倒れるからショート前にプッシュバントをしろと言われたことがありますが、難しかった。左打席は体が一塁側に傾き、走りながら当てる形になります。ショート側に転がそうとしたのにバットのヘッドが入ってしまい、投手前に転がってしまいました。

大島康徳さん、田尾安志さんの間のセンターは幸運だった？

バントを生活の手段と書きましたが、僕自身が自分の最大の武器だと思い、一番好きだったのが外野守備です。これがあったからこそ、僕は一軍に定着できたと思っています。

ついていたのかどうかは分かりませんが、当時のドラゴンズは、レフト・大島康徳さん、ライト・田尾さんと、どちらも守備にはこだわりのない人たちでした。ベンチ目線で考えても、2人の間のセンターに入り、守備範囲の広い僕の存在は大きかったと思います。

2人も、たぶん僕に甘えていました。特に大島さんです。例えば左中間に飛んで、これはレフトの守備範囲かなと思っても、レフトの大先輩は、球じゃなく、僕をじっと見ている。必死に追っていってなんとか捕ると、「よくここまで来たな！」と褒めてくれ、「大島さん、そっちが捕ってくださいよ」と言っていました。

そんなやり取りも楽しかったです。大島さんも、田尾さんも僕をかわいがってくれ、こっちも軽口がたたけたし、守備のコミュニケーションは取れていたと思います。まあ、こっちが一方的に走り回って捕っていただけとも言えますけどね。

この2人とちゃんと話ができるようになったのは、1982年に入ってからです。試合に出だした1981年は、あいさつをしても適当に返されていました。ほかの先輩も孝政さん、谷沢さん以外は全員そうです。ドラゴンズだけではなく、昔のプロ野球の世界は、スタメンでゲームに出て一人前というところがありましたから仕方ありません。

一番はっきり出るのが給料です。今みたいに何億円という世界ではありませんし、1年やったらガッと給料が上がるなんて絶対になかった。3年続けて結果を出して、やっとちょろっと評価してもらえる世界です。

ただ、僕らも先輩には「お前らいいな。簡単に給料が上がって」と言われたことがあります。「今どきの若いヤツらは」というのは、どの時代でもあるようです。

顔に似合わず？　頭脳派だった宇野勝の守備

少し話が前後しますが、この間、家を掃除していたら、中日時代の僕のセンター守備をまとめた映像が入ったビデオを見つけました。フジテレビの『プロ野球ニュース』か何かで特集したものを録画していたのでしょう。

あらためて見てみたら、結構、すごいですよ、平野謙外野手は（笑）。特に補殺。捕球からの動きが素早いし、ホームまでダイレクトでも送球がぶれない。捕手の中尾孝義が両足で踏ん張って捕れる範囲内に投げていました。いい場面ばかりを集めたものなので、当然と言えば当然ですが、僕の記憶の中でも、とんでもない悪送球をした覚えはありません。

ただ、補殺は一人だけの力ではありません。ドラゴンズ時代で言えば、まず中尾。フットワークがよく、捕ってからタッチまでが流れるようでした。

あとはショートの宇野勝です。センターは一人でホームに投げての補殺もありますが、後ろの打球はそうはいきません。ショートの勝がカットマンで入ることが多かったのですが、捕ってからが早く、状況判断がいい。あれは走者の足の速さ、動きがすべて頭に入っていないとできません。フライを額に当て、仙さんに怒られた珍プレーしか浮かばないかもしれませんが、実は守備がうまく、野球をよく知っているショートでした。

当時、勝は外野手に、けん制があるかどうか、捕手のサインが変化球か真っすぐかのサインを出していました。やる選手とやらない選手がいましたが、勝は全球です。顔に似合わず？　野球に関しては緻密で突き詰めるタイプでした。

ナゴヤ球場は狭かったから守るのは楽でした。高く上がった打球は、走ればだいたい追いつきます。ただ、狭い分、お客さんが近くてヤジもよく聞こえたし、しょっちゅう物が飛んできました。100円ライターが多かったのですが、背中にパシッと当たって、頭に来てパッと振り向くとみんな知らん顔をしていて、それで前を向くと、また何か飛んでくる。ザ・ドリフターズのコントみたいなこともよくありました。

サインミスの本塁打で近藤貞雄監督が優勝を確信した？

1982年のペナントレースは、夏場から巨人との一騎打ちになり、名古屋の街も盛り上がっていました。

中日は8月下旬に一度首位に立ちましたが、すぐ巨人に抜かれ、一時は4ゲーム差です。もう無理かなと思ったら、向こうが勝手に落ちてきました。

流れが完全に変わったのは、9月28日、ナゴヤ球場の巨人戦でしょう。3連戦の初戦で、2対6から4点差を9回裏に追いつき、10回裏に大島さんのサヨナラ打で勝利した試合です。自分が活躍したわけではありませんが、一番印象に残っています。

巨人の先発が同学年の江川卓で、僕は途中で交代となりました。代わったのは豊田誠佑です。豊田は僕の1学年下ですが、江川とは明大時代から相性がよく、〝江川キラー〟と呼ばれていました。江川登板の試合では僕が代えられることが多かったのですが、意外と微妙な勝負で、あの年の対江川の成績を見ると、僕が22打数2安打、・091、豊田が12打数2安打、・167です。それだけ当時の江川攻略が大変だったということです。江川が僕に本気で投げていたかは分かりませんが、球が速く、しかも浮かび上がるように見えました。

巨人には江川に加え、西本聖、定岡正二がいて、先発三本柱と呼ばれた時代です。3人から打った記憶はほとんどないのですが、西本で覚えているのは一塁のライン際に送りバントをしたときです。回転からすると、ファウルゾーンに切れそうな失敗バントで、西本も見送ったのですが、球がスパイクか何かの穴ぼこにピタリとはまってフェアです。これで西本が怒った、怒った。面白いくらい怒って、ボールをつかんで、たたきつけていました。

話を戻しますが、9月28日からの巨人3連戦で中日は2勝1敗と勝ち越し。ただ、ドラゴンズはまだかなり試合がありましたが（13試合）、巨人は残り4試合で2勝すれば優勝だったのに、1勝2敗1分けで先にシーズンが終わりました。

3連戦のあと、こんなこともありました。10月7日の阪神戦（甲子園）で、初回、田尾さんが四球に出たあとです。当然、送りバントのサインだったのですが、何を勘違いしたのか、「あれ、エンドランのサインが出ているよ」と思っちゃったのです。

初球だったと思います。田尾さんは走っていませんでしたが、サインだからと振ったら、レフトにふらふらと上がり、そのまま甲子園の浜風に乗ってホームランです！うれしかったのですが、三塁を回るところでコーチから怖い顔で「バントのサインだったぞ」と言われ、血の気が引きました。ベンチに硬い表情で帰ったら、仙さんに頭をバチンとたたかれ、「喜べ！」と言われました。みんなサイン間違いと知っていたようです。

試合は3対1で勝ち、僕のホームランが決勝点です。あとで近藤監督が「あの試合で優勝を確信した」と言っていました。「明らかなミスが成功になった。そういうことが起きるとき、チームは優勝するんだ！」。あの言葉もうれしかったです。

告白します！　試合前、ビールを飲んでいました

最後の最後は、大洋ホエールズ（現横浜ＤｅＮＡベイスターズ）との横浜での3連戦です。2勝すれば優勝ということで、初戦に勝ったとき、ほかの選手は「よし、もう決まった！」と盛り上がっていましたが、それでもまだ、僕は優勝できるとは思わなかった。続く2試合目に負け、「これは痛い負けだなあ」と思った記憶があります。

体調が最悪だったこともあります。これも仙さんが投げていたときですが、巨人戦で（ゲーリー・）トマソンがセンターオーバーのライナーを打ち、追い掛けてギリギリで捕ったことがあります。このとき足がプチンと音がし、肉離れです。それでも開幕戦のときのこともあって、チューブを巻いて我慢してやっていたのですが、最後は、試合ではアドレナリンが出ているのか我慢すれば動けるものの、練習では足を引きずり、ランニングもできないくらいボロボロの状態でした。

10月18日が最終戦です。勝てば優勝の試合で8対0と楽勝だったのですが、大洋の長崎啓二（現慶一）さんと首位打者を争っていた田尾さんが5連続敬遠をされ、試合中は優勝決定試合と思えぬ異様な雰囲気になっていました。

優勝決定の瞬間はうれしいというより、やっと終わったというホッとした気持ちが

強かったですね。ケガを抱えながらですが、初めて1年間フルに働いたシーズンでもあります。打率は・288とそれなりに打っていますが、自分の成績はまったく意識していませんでした。ケガもあってゲームに出るだけで精いっぱいで、とにかく「疲れた」の一言です。

この試合の前、中日ナインがビールを飲んだ話はご存じでしょうか。近藤監督が「きょうは緊張するなと言っても無理だろう。ビールを飲んでもいいぞ」と言って、祝勝会用だったのか、缶ビールが準備してありました。

僕は、言われたとおり素直に飲んだのですが、あとで聞くと、ほとんどの選手は飲まなかったり、少し口をつけて飲んだマネをしただけだったようです。

こんなことを書くと、「お前、アル中か!」と言われそうですが、僕はナゴヤ球場の試合前にビールを飲んでいたことがあります。夏の暑い時期の練習のあとは、のどが渇きます。さすがに瓶や缶で飲むわけにはいきませんが、球場の喫茶店でヤカンを借り、ビールを入れてもらって湯のみ茶碗でこっそり飲んでいました。

そう言いながらも、実は、僕は酒が弱くて大して飲めません。すぐ顔が真っ赤になります。だから試合でも1打席目くらいまでは真っ赤になっていることがよくありました。

試合前、相手のコーチに「お前、すごい日焼けをしているな。昼間、ゴルフにでも行ったのか」と言われたこともあります。大島さんと一緒にキャッチボールをしていたときで、大島さんは知っていたらしく、「飲んでる、飲んでる。ビールをね」とバラしていましたが、相手のコーチはまさかと思って信じていなかったようです。

ついつい飲み過ぎ、ふらふらでバットが振れず、交代させられたこともありました。コーチは何も言いませんでしたが、酒臭いからバレていたと思います。寮の夜遊びもそうでしたが、ドラゴンズの若手時代は、ちょっとだけ悪さをしたかった気持ちもありました。かなり遅い反抗期が来たようなものですね。

酒を飲んで試合に出たことは西武時代にも1回あります。自分からじゃなく、練習が終わってロッカールームに戻ったら、森繁和さんに「飲むか」と言われてでした。なんで僕に勧めたかは知りませんが、モリシゲさんも一人で飲むのが嫌だったのでしょうか。

田尾安志さんのバッティングをマネするも似てない？

野武士軍団とも言われた1982年の優勝メンバーの逸話を少し紹介しましょう。

守備では少しアレでしたが、田尾さんのバッティングはすごかった。僕は田尾さんの次の二番打者でしたから、ネクストでずっと田尾さんのスイングを見ていましたが、天才としか言いようがありません。

あのころの僕は、田尾さんの打ち方をマネして、自分の中では田尾さんの打ち方そのものでやっていました。構えやステップ、タイミングの取り方も、ほぼほぼ一緒のことをやっていましたが、こっちはセンスがないので、そうは見えなかったかもしれませんね。

のちにも触れますが、田尾さんは思ったことは誰が相手でも口に出す方で、よく黒江コーチとケンカをして外野を走らされていたことを思い出します。

前述した宇野は愛すべき後輩です。お酒が好きで、これもあとで紹介しますが、失敗談もあります。千葉ロッテマリーンズ（1991年まではロッテ・オリオンズ）に移籍したとき、勝もいて一緒にやりましたが、遠征のナイターの日は、暇だったので球場に行く前に2人でよくパチンコをやっていました。一緒に出掛けるわけではないのですが、たまたま入った店が一緒になることが多く、よく並んでやっていました。

捕手の中尾は打撃もよく、1982年のMVPです。入団年は違いますが、学年が一緒で、キャンプや遠征は、いつも一緒の部屋でした。優勝の年はあいつの打率が・

282だったので、「なんで俺より打率が低いのにお前がMVPなんだ」とからかったこともあります。同部屋のときは、中尾も僕と一緒で酒に弱いから、いつも小瓶のビールを1本買ってきて、「よし、きょうこそは絶対全部、飲むぞ」と言いながら飲み切れず、そのまま寝てしまうを繰り返ししていました。夜中にいつも、あいつの歯ぎしりで起こされましたけどね。肩と歯ぎしりは天下一品の男です。

ピッチャーでは牛島和彦とよく話しました。球が速いというわけではありませんが、頭がよく、駆け引き、コントロールが一級品の投手です。相手の打者の打ち気がないと見ると、平気でど真ん中に小バカにしたような球を投げ、センターから見ていてびっくりすることもありました。

球の速さなら郭源治です。西武に行ってから日本シリーズ（1988年）で当たっていますが、まったく打てませんでした。体感ですが、真っすぐがホップしてくるのです。高めの球でそう感じる投手はいましたが、源治は低めの球も浮かび上がってきた。全身バネみたいな選手で、マウンドでよく飛び跳ねていましたね。

1982年の勝ち頭は、16勝を挙げた左の都裕次郎でしたが、あいつとは一緒のCMに出たことがあります。カイワレ大根のCMで、ひと口食べて、「うん、うまい。生が一番!!」がセリフだったと思います。

覚えている人はいますかね。

ヒーローのはずが『石ころ』に邪魔された！

リーグ優勝のあとが西武との日本シリーズです。西武は廣岡達朗さんが監督になって、埼玉移転後、初めての優勝でした。

最終戦から5日後が第1戦と時間がなく、僕らは相手の情報がほとんどなくて、日本シリーズ用の練習もまったくしていませんでした。

1、2戦はナゴヤ球場でしたが、どちらもボロ負けで、試合のあと物が投げ込まれて大変な騒ぎとなりました。選手はリーグ優勝でお腹いっぱいになっていて、なんとなく「日本シリーズはおまけ」みたいな気持ちだったのですが、球場に来たファンにしたら「負けるところを見に来たんじゃないぞ！」ということでしょう。

それでも西武球場に行って連勝し、タイです。

迎えた第5戦、ほとんど打てなかった僕の数少ないヒットが好機に出ました。

0対0の3回、田尾さんがショートの石毛宏典へのゴロを打ち、石毛が一塁に暴投して二塁まで進んだあとの打席です。僕の当たりが一塁線を抜け、普通なら悠々の先制打なのですが、この打球がなんと一塁塁審の村田康一さんに当たり、セカンドの前に弾みました。

打球の行方が見えず、抜けたと思って走っていたら、なぜか打球をセカンドの山崎裕之さんが捕っていてびっくりです。三塁を回っていた田尾さんは三塁コーチに止められ、必死に三塁に戻ったのですが、タッチアウト。田尾さんも、何がなんだか分からなかったと思います。「審判は石ころと同じ」と言われましたが、あんなシーンは初めてです。

結局、この試合に負け、6戦目も負けて終わりです。あの『石ころ』がなかったら、ドラゴンズが日本一になっていたかもしれないと言われましたが、どうだったでしょう。また、違う『石ころ』もあったかもしれません。そんなに簡単じゃないでしょう。

西武は強かったです。投手陣は東尾修さん、兄やん（松沼博久）、杉本正、高橋直樹さんがいて、田淵幸一さんらがいた打線もすごかった。最後の試合、ナゴヤ球場のセンターを守っていて片平晋作さん、テリーが2本連続で僕の頭を越え、バックスクリーンにたたき込んだ当たりを今でも覚えています（7回）。いくらナゴヤ球場が狭いとはいえ、バックスクリーン連発です。こりゃすごいなと思いながらボールを見上げていました。

背番号1？　それは絶対に勘弁してください！

日本シリーズでずっこけましたが、リーグ優勝し、ダイヤモンドグラブ賞（現ゴールデン・グラブ賞）を初めてもらいました。名古屋の街を歩けばファンに声を掛けられ、ちやほやされるし、いいことばかりです。

ご想像のとおり少しテングになって、毎日遊んでいました。いや、毎日遊ぶのはどの年のオフも同じですが、あちこちでごちそうになり、キャーキャー言ってもらい、なんだかふわふわしていました。

このオフ、球団から「背番号を1ケタに変えないか」という打診がありました。今と違ってレギュラークラスが40番台、50番台を着けている時代じゃありません。谷沢さんが41でしたが、それはもう谷沢さんだからです。

ありがたい話なのですが、少し迷いました。前も書いたように、57に愛着があったからです。57でレギュラーをつかみ、優勝も経験した番号ですし、ある意味、僕のラッキーナンバーだと思っていました。

言われた番号を聞いて、びっくりしたのもあります。

「3はどうだ?」と。それまで着けていた富田勝さんが引退され空いていたのですが、巨人の長嶋茂雄さんをはじめ、スーパースターの番号です。「そんな僕なんか……」とぐずぐず言っていたら、何か勘違いしたのか、「じゃあ、1番はどうか」と言ってきた。

それは即答で「無理です!」。1は高木守道さんじゃないですか!

守道さんはコーチになっても1を着けていたのですが、自分は大きいコーチ番号にして、1は若い選手に着けてほしいと思っていたそうです。でも、僕じゃなくても守道さんの1は断っていたと思います。そのくらい恐れ多い存在でした。

そんなこんなで、結局、3になりましたが、翌1983年の成績は・247です。理由ははっきりしています。完全に遊び過ぎです。

この年、チームも5位と低迷し、優勝の翌年なのに近藤監督が退任となりました。短気な人だからフロントとケンカしちゃったのでしょうね。

あの年は名古屋でパチンコをしても怒られなかった

次の年、1984年の監督が山内一弘さんです。現役時代は大打者で、コーチとしては『カッパえびせん』と言われ、当時のCMの歌みたいに、教え始めると「やめられない、止まらない」人でした。相手の選手を相手チームのベンチで教えているときもありましたから、びっくりです。

あの年、僕は開幕からずっと調子がよかったのですが、なぜかと言うと、春季キャンプの前に山内さんが「センターは豊田か川又米利でいいじゃないか」と言ったのを人づてに聞いたからです。焦ったし、ナニクソとも思いました。そこから、入団以来、初めてキャンプ、オープン戦と必死にやって結果を残し、開幕レギュラーを勝ち取りました。開幕前からナニクソと思ってやったのは、これが最初で最後ですから、ぬる過ぎですよね。

外されそうになったのは、山内さんが初合流した前の年の秋季キャンプが理由だと思います。ロングティーをあるコーチとやっていたとき、山内さんが来てアドバイスをしてくれました。このときコーチが冗談でしょうが、「俺と監督のどっちの言うことを聞くんだ」ととんでもないことを言って、僕が「コーチです」と答えちゃった。それで、山内さんの顔色がすっと変わって、そのあと、ほとんど向こうから話し掛けてこなくなりました。

僕は、ついつい余計なことを口にしてしまうところがあります。自分がコーチ時代、「あなたの言うことは聞きません」と選手に言われたら間違いなく激怒していたはずです。ただ、とっさに本音が出ちゃったところはありました。

誤解してほしくありませんが、山内さんのことは好きでした。話も面白いし、本当にいい人です。ただ、練習方法が納得できなかった。水の入ったバケツを投げさせたり、スイングのあとバットを放り投げたり、変わったものばかりやらされました。

あとで思えば、手首をこねない素直なスイングを覚えさせるためだと分かるし、悪いアイデアではないと思いますが、説明してくれないから、なぜやるのか理由が分からず、頭の中がグチャグチャになっていました。

一つ引っ掛かると、ずっと引っ掛かってしまうのが僕の悪いクセです。このときもそうなってしまいました。

あの年、結局、打率・291ですから、僕にしてはよく打ったのですが、出場は108試合です。これは山内さんとは関係なく、9月に巨人の槙原寛己から死球を受け、右手首骨折で離脱となったからです。

チームが2位だったこともあり、終わってから「お前が骨折したから優勝できなかった」と、ほかの選手やファンに随分言われましたが、「仕方ないだろ、ケガなんだから」とずっと思っていました。しかも、試合中のケガですからね。

暇で暇でやることがないから、ギプスしたまま毎日パチンコをしていました。普段、シーズン中に名古屋でパチンコをやっていると、「パチンコなんかするな、野球に集中しろ」と知らない人に言われるのですが、あのときは誰も寄ってこなかった。すごくイライラしてたから、かなり怖い顔をしていたのでしょうね。

打率3割目前で赤信号！　頼むよ、勝負して……

山内さんの2年目、1985年は一番打者となりました。

ずっと田尾さんが一番だったのですが、開幕前に突然、西武に移籍になりました。詳しいことは知りませんが、フロントとぶつかったようです。誰に対しても、言いたいことははっきり言う人でしたからね。

ドラゴンズで一番の人気者でしたし、あのときはマジで名古屋が揺れました。

大騒動の陰で、ある事件がこっそり起きました。

宇野が大好きなお酒を飲んで、出来心で車を運転して帰ろうとしたのですが、途中でパトカーに止められてしまったのです。顔は真っ赤。一目で分かる飲酒運転です。今なら大スキャンダルで謹慎処分でしょう。

宇野が車の窓を開けたとき、警官がなんと言ったか分かりますか。
「ああ、宇野さんかね。田尾さんのトレード大変だったね。じゃあ」
時代もありますが、それだけドラゴンズが名古屋の人に愛されていたのは確かです。勝っても負けても手厚く、選手はぬるま湯につかっていました。

この年、チームは5位に終わりましたが、僕は調子がよく、年度別の成績表を見ると、打率3割となっています。ただ、実際は・２９９８で、四捨五入の3割です。終盤は2割9分台が続き、シーズンの最後が広島3連戦（広島）でしたが、まず、最初の試合で3割ちょうどになり、残り2試合はダブルヘッダーでした（10月24日）。

今、思えば、出なきゃよかったのですが、1試合くらいはと思って最初の試合に出たら、5打数1安打で3割を割ってしまいました。それで次の試合も出て、2打数1安打で9回表の最終打席です。

このとき、スコアボードの表示は打率・３００となっていましたが、実際はインチキ3割です。

2対2で一死走者二塁だったと思います。「あと1本打って本当の3割にするぞ」と珍しく気合を入れて打席に入ったのですが、なんと敬遠です！　試合を決める場面ではありましたが、互いに優勝が懸かっていたわけでもなく、もう消化試合です。広島の捕手の山中潔に「3割が懸かっているんだ。勝負してくれよ」と言ったけど、スコアボードを見て「もう3割だからええやないですか」「いや、違う。あれは繰り上げなんだよ」と、投球の合間に説明しながら歩かされました。

熾烈にして、ちょっとだらしない盗塁王争い

続く1986年、48盗塁で最初にして最後の盗塁王になりました。

ただ、これは現役を通してですが、通算230盗塁をしながらも、盗塁にはまったくこだわりがありませんでした。基本的にはサインが出たら走るだけで、自分から走りたいと思ったことは、この年の終盤以外、ほぼほぼありません。

足は速いほうでしたし、やれば30盗塁くらいはできたでしょうが、技術も体力もなかった。当時は髙橋慶彦、松本匡史さんたちが60盗塁以上した年もありましたが、到底、そんなに走れないのは分かっていました。

しかも、あの年は坐骨神経痛で腰から尻に痛みがあって、状態が悪いときは、足をひきずっていました。チューブを巻いたり、テーピングをしたりしてだましだましや

っていましたが、練習では全力ダッシュもできません。

ただ、広島戦だったと思いますが、腰の状態がかなり悪く、痛いのを我慢して出ているのをコーチも分かっているのに、盗塁のサインが出たことがあります。「なんだよ」と思いながら走ったのですが、スタートが悪く、捕手の悪送球でもないのにセーフでした。

これで、「あ、この程度でもセーフなんだ」と思ったら、ふっと気が楽になって、そのあと、盗塁を増やすことができました。

最後は大洋の屋鋪要と競り、10月17日、最終戦の相手が大洋（横浜）です。世間に注目されていたかは分かりませんが、2人のタイトル争い最終直接決戦です。

この時点で屋鋪は48、僕は1つ少ない47でした。どちらもすでにチームが下位と決まっていたこともあり、試合展開にかかわらず走りまくっていましたが、失敗しまくっていました。僕は45個目のあと3回連続失敗し、46個目のあと4回連続失敗で、前の日にやっと47です。屋鋪も47個目のあと、3回連続失敗し、48個目のあと、2回失敗です。

どちらもひどいものですね。

最後の試合、屋鋪は4タコで塁に出ることができず、48のまま。僕は6回にヒットで出て二盗し、並びました。そのあと三盗を狙うつもりでしたが、セカンドベースなのに野手がベッタリとついてできず、結局、屋鋪とタイで終わりました。

タイトル料で200万円はもらいましたが、年俸にもほぼ反映されなかったので、もう盗塁はいいかと思いました。僕の悪いところですが、きつい思いをして走っても意味がないと思ってしまったのです。バカバカしいガキの考えです。ただ、実際、何年も盗塁王を狙うような体力も技術もなかったことは確かです。

だから、直後は、それほどうれしかったというわけではないのですが、今、振り返れば生涯唯一のタイトルですし、いい記念になったなと思います。

大島康徳&平野謙の超いい加減な三遊間が実現!

盗塁の技術を磨かなかったのは、ドラゴンズ自体が走塁を重視していたチームではなかったこともあります。ナゴヤ球場が狭いこともあって、細かい作戦より、どんどん打っていけばいいという、よく言えば豪快、悪く言えば大雑把な野球でした。

西武に移籍してからですが「中日戦の相手投手は楽だったろうな」と何度も思いました。西武のように足でかき回そうという選手が誰もいないので、走者が出ても警戒する必要がなく、バッターに集中できたはずです。

ただし、その野球が完全に悪いというわけではありません。個性を重んじる豪快な野球を名古屋のファンが喜んでいたのも事実だからです。はまれば1982年みたいに優勝もありました。ただ、「この野球では時々優勝することはあっても、なかなか継続して勝てないだろうな」とは自分でも感じていました。

だからと言って、変えなきゃと思ったことはありません。いつも「ドラゴンズはぬるま湯だった」と偉そうなことを言っていますが、ドラゴンズ時代、練習でダッシュがあったら「数、減らしましょうよ」と最初に言っていたのが僕です。文句を言いながらも、ぬるま湯につかり切って、そこから出る気がなかった男です。

今、思うとカッコ悪いですね。

あの年は成績不振で山内さんが途中休養となり、代理で高木守道さんが指揮を執りました。実は盗塁王最終決戦となった大洋戦では、なんと外野の僕と大島さんに「サードとショートどっちかがいい？」って言ってきました。

大島さんは若手時代にサードの経験はあったそうですが、申し訳ないけれど、ショートなんてできるタイプではありません。僕がショート、大島さんがサードに入り、超いい加減な三遊間の誕生です。

守道さんに聞いてないので理由は分かりませんが、宇野が二軍落ちをしていて、内野手が足りなかったのは確かです。優勝できず、ファンサービスもあったのかもしれません。

ショート・平野は軽快でしたよ。あの日、ショートゴロを2つくらいアウトにしたはずです。もともと好きだったポジションですし、気持ちよかった。

ただ、ランナー二塁のとき、前年西武から移籍していた投手の杉本正が、目で「二塁に入って」と合図してきましたが、やったことがないのでタイミングが分からず、動けませんでした。あとで「平野さん、あそこは入ってくださいよ。アウトにできたのに」と杉本に怒られた記憶があります。

星野仙一監督への違和感と嫁に申し訳なかった不振

翌1987年からの監督が星野仙一さんです。親分肌の方で、仙さんの監督就任が決まったとき喜んでいた選手はたくさんいましたが、僕はどんな野球をやるのかまったく分からない不安感というか、警戒心みたいなものがありました。

この年、僕は前の年に盗塁王を狙った疲労のケアをしっかりしなかったこともあって、春季キャンプで左足のふくらはぎとアキレス腱が痛くなり、さらに開幕後、広島の北別府の投球を右手小指に受けてしまいました。このときは腫れと痛さだけで骨折はしていないと思ったのですが、スライディングで手をついた際に病院に行ったら骨折していました。

ケガの出遅れだけじゃなく、気持ち的に最初から乗れなかったシーズンでもありました。理由は仙さんへの違和感です。

最初に「あれ?」と思ったのが、仙さんが「走れ、走れ」と言ってきたことです。現役時代、仙さんが練習で走っているのを見たことがなかったのに、いきなり言われて、「あんた、自分が走ってなかったのに、よく言えるな!」と思ってしまったのです。僕はそういうのが一つ引っ掛かるとダメになってしまいます。いつの間にかあら捜しのように仙さんを見るようになってしまいました。

今、思えば、僕がおかしい。僕が一緒に一軍でやったとき、仙さんは、もう引退間近のベテラン選手でした。仙さんだって若いときは走ったのだろうし、もっと言えば、スポーツ選手だから走って当たり前です。監督に「走れ!」と言われたら、言われたとおり走ればいいだけです。

仙さんへの不満が顔や態度にも出てしまっているのが、自分でも分かりました。監督と合わないからなんて、プロにとっては言い訳にもなりません。給料をもらっている仕事ですから自分が損するだけです。繰り返しますが、考え方がガキでした。

僕の中で決定的だったのは、いつだったか覚えていませんが、地方球場での巨人戦です。（ウォーレン・）クロマティの当たりが、センターとショートの間に上がった。僕は長打を警戒し、深い位置に守っていたので、必死に前進して追いましたが、ショートの宇野が「オーケー、オーケー」と言っていたので止まったら、打球がポトンと2人の間に落ちてしまいました。

そしたら、なぜか僕が交代です。ベンチに戻ったら、仙さんが「なんで捕らないんだ！」と怒鳴っていましたが、返事をする気もせず、黙っていました。

あれだけ深く守っていたのですから、たぶん間に合わなかったし、ショートが「オーケー」と言ったから、バックアップに入った。すべて当然のプレーです。

仙さんは守備のミスが出たので、どちらかを代えることでチームを引き締めたいと思ったのかもしれません。平野なら分かってくれるだろうと思ったのかもしれませんが、僕は割り切れなかった。「なんだ、これは！」と思ってしまったのです。

そこからは、仙さんの言動の何もかもが嫌になって、いつもムカついていました。

当然、仙さんも分かっていたと思います。その後、出番が減り、出ても気が入ってないから、成績もパッとしないままシーズンが終わってしまいました。

悔しくも、ありがたい西武移籍だった

自暴自棄な思いになりながらも、一つ気になっていたのは嫁さんです。

その年のオープン戦のさなかに結婚したのですが、野球選手は結婚した年に成績が落ちるとよく言われます。それにもろにはまってしまったので、嫁さんが気にしたら悪いなと、ずっと思っていました。

嫁さんは元アイドル歌手で、中京ローカルの『ヒロミツのスーパードラゴンズ』という番組でアシスタントをしていて（タレント名は秋本理央。現平野清美さん）、司会の鈴木ヒロミツさんと取材に来たときに初めて会いました。

照れくさいけど僕の一目ぼれです。ヒロミツさんと一緒に進行役だったOBの権藤博さんは「あいつは遊び人だからやめておけ」と、嫁さんに余計なことを言っていたらしいですね。

10月に知り合って、3月に結婚だから決断力のない男にしては早いでしょ。

結局、オフに右投手の小野和幸とのトレードで西武移籍が決まりました。はっきり言えば、仙さんに嫌われて追い出された形です。球団の担当者から「いつか帰ってこいよ」と言われ、「ありがとうございます」とは言いましたが、「もう帰ってくることはないんだろうな」と思っていました。

ドラゴンズにも名古屋にも愛着があったので、ショックはもちろんありましたが、嫁さんが埼玉出身で、移籍を埼玉にいる義父、義母がすごく喜んでくれました。

しかも、トレード発表の11月20日が長男の出産予定日です。家を空けることが多い仕事なので、何かあったとき、嫁さんと子どもの面倒を見てくれる人が近くにいるのがありがたいという思いもありました。

名古屋で生まれ、名古屋で育った平野謙としては寂しかったが、家庭人・平野謙としては、ありがたい移籍だったと言えるでしょう。

あのときの僕は、仙さんへの恨みやドラゴンズへの未練より、行く先の西武で、どういう形でレギュラーに割り込んでいけるのかだけを考えていました。

結婚して子どもも生まれ、みんなで暮らしていかなきゃいけない、自分が食わせていかなきゃいけない。

なんとかしなきゃという思いが強くありました。

結婚前の著者と清美さん。中央はタレントで
中日ファンだった鈴木ヒロミツさん

第3章　西武ライオンズ時代

晴れのち曇り

1988-1993

猛練習にびっくりも西武には居場所があった

当時、西武ライオンズは3年連続リーグ優勝、2年連続日本一の黄金時代です。リーグが違う僕から見ても、ケタ違いの強さを感じるチームでした。

まだまだトレードにあまりいいイメージがなかった時代です。成績的にダメになったり、田尾安志さんが西武に出たときや、僕もそうですが、首脳陣に嫌われたりがほとんど。どうしたって球団は生え抜きを大事にしますから、一度、ダメのレッテルを貼られたら、巻き返すのは至難の業です。

ただ、僕には幸運がありました。当時の西武に僕の居場所があったことです。監督の森祇晶さんからも「二番に入れる予定をしているから頼むぞ。後ろに強力なクリーンアップがいるから、つなぎの役割が多くなると思うけどな」と最初に言われました。それまで二番に入ることが多かった吉竹春樹が前年途中に足を大ケガし、長打はないけれど、つなぎの打撃ができる僕の居場所が、あのすごい打線の中にあったということです。

守備位置もセンターには秋山幸二というとんでもない男がいましたが、ライトに入っていた（ジョージ・）ブコビッチが退団して空いていました。ほとんど経験はなかったのですが、「ライトになると思うけど大丈夫か」と言われ、「大丈夫です。あとは慣れていくしかないと思います」と答えたのを覚えています。

気持ち的にはかなりの危機感を持ってのスタートでしたが、新天地で死にもの狂いに練習したかと言うとそうでもありません。そもそも、僕がついていける練習量ではありませんでした。合同自主トレは西武の第2球場だったのですが、みんな走る、走る。30メートル、50メートルのダッシュ何本みたいなきついメニューをみんな苦もなくやっていました。

中日ドラゴンズではあり得ません。僕も含め、いや僕を筆頭に、絶対、みんなブーブー文句を言っていたと思います。「これが強いチームなんだな」とあらためて思いました。

もう33歳になる年ですし、周りから「何をやっているんだ！　もっと練習しろ」と言われることはありませんでした。コーチからは逆に「無理するなよ。もう若くないんだから」とクギを刺されていたくらいです。

ただ、周りからはそう見えなかったかもしれませんが、自分の限界値を上げ、居場所を少しでも確かなものにしようと思ってやっていました。西武というチームには代わりがたくさんいます。一度レギュラーを獲ったからといって安泰ではありません。

厳しい環境の中で、ドラゴンズ時代、ぬるま湯に慣れ切っていた僕のメンタルも少しずつ変わり、「負けてたまるか」という気持ちが強くなっていきました。

ヒットを打っても怒られたガチガチの西武野球

森監督の野球はとにかく堅い。もうガチガチです。投手力がよかったから、まずはバントや進塁打を使いながら先取点を奪い、試合で優位に立ってからエンドランやスチール、さらに長打で畳み掛けるという戦いです。

僕が入ったとき、西武は年下の選手がほとんどで、ふだんはチャラチャラしているヤツがたくさんいました。特に野手はみんなバラバラに見えましたが、野球に関しては違います。ユニフォームを着てゲームに入ったら人が変わる。自分が何をやらなきゃいけないかが分かっていて、それをコーチに言われなくてもやり切る大人の集団でした。

最初に西武イズムを痛烈に感じたのは、三遊間にヒットを打ったときです。こっちは自慢げにしていたのに、「あそこは引っ張れよ」といきなり怒られました。左打席でのランナー二塁の場面で、ショートがセカンド側に寄って三遊間が空き、狙ったのか、たまたまだったのかは忘れましたが、そこを抜いてのヒットです。

何が悪いのかとムッとしましたが、「抜けたからいいけど、抜けなかったら、走者が三塁に行けんだろ。あそこはアウトになってもいいから右方向だ」と言われ、「ああ、西武はこういう野球なのか」とあらためて思いました。

僕が二番打者だからだけではありません。ノーアウトランナー二塁で点差が競っていたら、バッターが四番・清原和博でも右に打っていました。清原は、もともと右打ちがうまく、逆方向への長打もあるバッターではありましたが、状況に応じ、最悪でも三塁に進めるバッティングをしっかりやっていました。試合の終盤、三番・秋山に送りバントのサインが出るときもありましたが、なんの問題もなく、きっちり決めていました。

（オレステス・）デストラーデだけはそこまでじゃなかったですが、ほかはみんなチームバッティングをし、走塁がしっかりし、守備もうまい。要は、攻守走がそろい、しかも、つなぎもできないとスタメンでは使ってもらえないチームでした。

加えれば、優勝すればですが、バントや進塁打、走塁、守備もしっかり評価し、給料に反映してくれます。だから、みんなが勝利だけに集中できたとも言えるでしょう。チームも個人もみんな同じところを見ながら戦っていたチームです。

あの勝って当たり前、優勝して当たり前の中で戦う緊張感は、ベテランになっていた僕には正直きつかった面もありますが、だからこそ頑張れたとも思います。僕が長く選手生活を続けられたのは、間違いなく西武移籍があったからです。

ピッチャーが打ち取った前の打球は必ず捕る！

最初は慣れの問題もあり、ライトの守備に少し苦労しました。センターはファウルがないから全部捕ればいいいと割り切れますが、ライトの場合、切れていく打球と、フェンスの近さが気になるときがありました。一番戸惑ったのは、切れながら伸びる打球です。捕れると思って前進していったら、ぐっと伸びてバンザイしたことが一度だけあります。

ただ、だからと言って、センターに戻りたいとは思わなかった。というか、もう戻れません。センターには秋山がいたからです。あの足と肩、そして打撃には絶対に勝てません。

秋山とはいいコンビだったと思います。ゲーム中もよく話ができ、ポジショニングも声を掛け合ってやっていました。途中からは、ほぼほぼあうんの呼吸です。ドラゴンズ時代は大御所の田尾さん、大島康徳さんを両脇に置いてのセンターで、それはそれで楽しかったのですが、負担ということでは、ずいぶん軽減されました。

秋山で一つだけ気になったのは、ホームへの送球が少し山なりだったことです。肩が強かったから、なおさらダイレクトで投げたかったのでしょうが、センターからホームの送球が高いと、勘のいいバッターランナーはバックホームの間に二塁まで行ってしまいます。投げたときの角度で分かりますからね。僕も引退後、一塁コーチをしていたときは、センターの送球の角度を見て「行け！」とよく言っていました。

ポジショニングはコーチの指示ではなく、自分たちで考えて動きました。打者別の打球方向はスコアラーが細かくデータを出してくれていたので、それを基に判断し、あとはバッターがその日、よく振れている、タイミングが合っていないなどを見て変えます。

打ってから動くことはありません。あらかじめです。バッターは、余程極端なシフトじゃない限り、外野が動いたから、いないところを狙おうとはなりません。打者が常に考えているのは自分のスイングをすることです。その自分のスイングをすれば、統計的にはデータどおりになる可能性が高いので、ここに来るだろうと思って守ったところにだいたい来ました。「逆を抜いてやろう」と狙うバッターも時々はいましたたが、そういうときは打球が弱いから大抵、捕れます。

要は打者がいい当たりをすれば打球が行く場所を絶対にカバーするという考え方です。ライオンズと戦った相手は、いい当たりをし、抜けたと思って走っても、そこに外野手がいたというのがよくあったと思います。むしろ、そこに打たせる、打ってもらっているわけです。

それができたのは、西武の投手のコントロールがよかったこともあります。外野から見ていても、主力は、ほぼほぼ捕手の構えたところに投げていました。投げられなかったのはアニやん（松沼博久）くらいかな（笑）。

平野、秋山の右中間は絶対に抜けないと、相手チームや味方のピッチャーが言ってくれたことがありますが、あれはうれしかった。特に味方からがうれしい。北海道日本ハムファイターズ（2003年まで日本ハムファイターズ）のコーチをしていたとき、解説者になっていた工藤公康から「あの西武の外野を超える外野はないです。抜かれたら仕方ないと納得できました」と言われたこともありました。鹿取義隆は、「うちの外野陣は巨人（読売ジャイアンツ）なら抜ける打球を捕ってくれる」と驚いていましたが、よそから来た選手だから、なおさらそう感じたのでしょう（1990年に巨人から移籍）。

ただ、送りバントと同じで、だんだん、成功して当たり前みたいな雰囲気になるのは困りものです。絶対に届きそうもないヒット性の当たりでも、僕が捕れないと、一瞬、球場がシーンとしてしまう。「俺、なんか悪いことしました！」って言いたかったです。

ドラゴンズ時代からですが、一つ決めていたのは、前の打球の処理をしっかりすることです。ピッチャーが打ち取った打球は絶対に捕りたいと思っていました。これは、ある投手と話していて「外野手の頭を越えた打球は切り替えられるが、打ち取った打球が前にポトリと落ちるとガクッとくる」と言われたこともあります。

まるで背負い投げだった平野謙流レーザービーム

外野守備の話は楽しいので、もう少し続けましょう。

平野流の独自の技術としてゴロの捕球の仕方があります。外野手は、グラブを持っているほうの足を出して捕りなさいと教えられることが多いと思いますが、逆でやっていました。

僕の考えはこうです。前方のゴロを捕るとき、確かにグラブを持ったほうの足を出したほうが少し前で早く捕れるかもしれません。しかし、そこからの動きを考えると、余程ヒザ関節が柔らかく、ぐっと沈めるならいいけど、そうじゃないと、いわゆるつんのめるような動きになります。そこからステップしてスローイングするわけですから、前に向かっていく勢いを使って強いスローイングをするのは難しいと思います。自分でやっていてもそうだったし、ほかの外野手を見ていてもそうだったので、これじゃないなといつも思っていました。

いろいろやっているうちに、自然に右利きの僕であれば、右足が前で捕るようになりました。これだと体が打球に正対し、グラブが体の中にあるからイレギュラーしても体に当てて止められます。グラブを持つ足が前だと、どうしても視線が下になって、視野も狭くなりますが、利き手側だと体は下がっても、上半身を起こして捕球することができ、視野を広く保てました。

一番大きいのは、送球までのフットワークです。左足が前だと、勢いがついているときは5歩かかると思いますが、右足だと3歩で行けます。この2歩の差で、ランナーも5メートルは違ってきます。捕るとき少しくらい遅れても、おつりが返ってくるくらいの差です。外野手は球を捕って終わりじゃなく、その先を考えなきゃいけない。そのためにも、この捕り方のほうが理にかなっていると思います。

スローイングでは、ボールはきれいに握ったほうが、送球がおかしな変化をする危険は少ないですから、時間の余裕があるならボールの縫い目を考えて握り替えて投げていました。大事なのは腕をタテに振ることです。横からの投げ方になると、どうしてもシュート回転してしまうので、なるべく真上から投げ下ろすイメージです。

あとは低い球を投げることです。ホームにダイレクトに投げるのは、外野手の自己満足で、暴投の可能性も高いし、実際には山なりの球より、ワンバウンドしても低い球のほうが相手も捕りやすいし、早いこともあります。

コーチ時代、若い選手に教えるときは、捕ったら一度、へその前にグラブを持ってきて握り替え、そこから肩のラインと、割れをしっかりつくって投げなさいと言っていましたが、それは理想で、ぎりぎりのプレーではそこまでの余裕はありません。

実際、自分の現役時代の映像を見ても、捕ったら、そんなことはしていません。これはクセでもあったのですが、そのままグラブごと肩のところまで上げて、背負い投げみたいにグラブと一緒に投げるような感覚でやっていました。後ろをコンパクトにし、低い球をと意識していたので、時に投げたあと腹ばいのような格好になることもありました。変な投げ方だと言われるときもありましたが、それが自分のリズムになっていました。

広瀬哲朗、ざまあみろ！　ライトゴロは楽しい！

外野守備で特に好きだったのが、補殺です。肩に自信があったのもありますが、お客さんも沸くし、相手が悔しそうな顔をします。僕自身も「ほら、見ろ！」と気持ちいいし、ホームランを打つよりも、一人の走者を刺したほうが快感でした。

ただ、何度か刺すと、だんだん相手が警戒して走らなくなります。あれがつまらなかった。そうなると、今度は、どうやったら走者が走るか、次の塁を狙うかを考えました。特にライトになってからですね。わざとヒザをついて捕ったり、視線を走者から外してみたり、駆け引きはいろいろしました。

またまた得意の自慢話をさせてもらえば、僕は西武時代、『ライトゴロ』を何度もやっています。テレビの番組でも特集が組まれたことがあって、確か、みのもんたさんが面白おかしくナレーションをつけていました。

重点的にターゲットにしたのが日本ハムファイターズの広瀬哲朗です。彼は右バッターで足が速かった。いつもおっつけてライトに打ってくるのですが、長打力は大したことがないから頭を越えるような当たりじゃなく、ライト前が多い。やたらとガッツポーズをするので、それもしゃくでした。いつかライトゴロにしてやろうと、ずっと狙っていましたし、向こうも分かっていたと思います。

最初に刺したのは、投手が郭泰源のときだったと思いますが、きれいにライト前にはじき返した当たりをアウトにしました。あれは気持ちよかったですね。

広瀬はヘッドスライディングが代名詞でしたが、一塁に頭から突っ込んでアウトと宣告され、そのまま子どもみたいに足をバタバタしていました。相手が警戒してないときに決めることはたまにはあるかもしれませんが、向こうが意識しているときにライトゴロに決めるというのは、そんなにないと思います。三塁側のベンチに戻って、あいつがいろいろなものを蹴散らかすのを見て、大笑いしていました。

ロッテ・オリオンズの怪力選手で〝ランボー〟と呼ばれた（マイク・）ディアズでも一度ありました。彼は右バッターですが、インサイドの球を逃げたらバットに当たってふらふらとファーストの後方に飛んだのを一塁でアウトにした。悔しがって、ベンチで大暴れしていました。

顔が真っ赤になっていて、笑ったらこっちに突っ込んできそうな雰囲気だったので、必死に笑いをこらえていたのを覚えています。

外野手のファインプレーは内野手が大事になる

ナゴヤ球場は外野が天然芝、内野が土でしたが、西武球場（現ベルーナ）は内外野とも人工芝でした。人工芝は硬いから体に負担が掛かって嫌だという人がいますが、守備面では打球がほとんどイレギュラーしませんし、すごく楽です。それに、今はよくなりましたが、昔の天然芝の外野はボコボコでした。一番ひどかったのが、広島市民球場です。そこらじゅうにゴルフボールが10個くらい入るような穴があり、1試合守ると、2回くらいはそこに足を入れ、足首をグキッとしていました。

人工芝は送球がワンバウンドになってもスピードがそこまで落ちないし、捕球する側も楽です。一塁への送球の場合、ライトゴロを狙ったとき清原がダイレクトの球を落球しやがったので、それからはワンバウンドで投げるようにしました。

あと清原には、いつも「カットに入るときは邪魔するなよ」と言っていました。僕の送球はいつも低かったので、カットマンは捕ってつなぐべきか、通すべきか分かりにくかったと思います。清原には「俺の投げ方を見て、ノータッチでいくかどうか判断してくれ」と言っていました。

でも、最初に1回だけです。ホームに通すつもりの低い球を捕って謝ってきたのは。あとは勘のいい子でしたから、まったく問題はありませんでした。守備範囲が広いわけではありませんが、ハンドワークがよく、うまいファーストだったと思います。

ドラゴンズの話の中でも書きましたが、外野手の捕球以外のファインプレーは内野手の存在が重要になります。例えば、走者一塁でライトにライナーが来て走者が飛び出した場合、ライトがファーストに投げ、それが少しそれたり、難しいバウンドになったとします。それでも、何事もなかったようにしっかりファーストが捕球しアウトにできたらライトのファインプレーですが、捕れなかったら単なる悪送球です。

守備の話が止まらなくなってきました。

走者がセカンドにいるときにヒットを打たれたら、当然、返球はホームにつなぐことを考えますが、走者一塁の場合は、それぞれの走者の走力も考えながら、バッターランナーを刺すことも選択肢に入れます。

例えば、ライト線を抜けた打球の場合、フェンスにゆっくり転がったとしたら、ホームにつながなければいけませんが、強烈なライナーが来てフェンスにワンバウンド、あるいはダイレクトの場合、一塁走者はホームにはかえられないはずです。

セオリーでは、それでもホームにつなぐカットマンに投げますが、僕はセカンドベースに投げることもありました。打者走者は一塁を駆け抜けるあたりは全力疾走ですが、セカンドベース手前では状況を確認するためスピードが緩みがちです。刺せる可能性は十分にありますし、刺せなくても、「あのライトはセカンドへの送球がある」と警戒させることで、一塁に止めることができるかもしれません。

また、わなと言いますか、フェンスに当たる前に捕れる打球でも、わざと後ろを向いてフェンスに当ててクッションにし、打者走者を走らせ、セカンドで刺したこともあります。ノールックで投げ、ピシャリです。セカンドの辻発彦がこちらの意図を察し、二塁ベースに入っていたこともありました。ショートが入るのは分かるけど、なんでセカンドがと驚いて「よく入ったな」と言ったら、「絶対、セカンドに投げてくると思っていましたよ」とドヤ顔で言っていました。

すべて事前に頭の中でシミュレーションしながらやっています。捕ってから状況を見て判断し、動いてでは遅いからです。もちろん、ランナーを見て確認した際、自分の思ったより足が速い、遅いもありますから軌道修正はしますが、そこから「じゃあ、どうしよう」ではありません。だから決められない僕でも思い切ったプレーができるのです。

一つ強調させてください。守備は好きになればなるほど、うまくなるものです。僕は守備にこだわる外野手が大好きですし、自分自身がそうでした。今でもそうですが、守備マニア、いや守備オタクと言っていいと思います。

好きだと、どうやったらうまくなるか、どうやったらアウトにできるかを考えて工夫しますし、それがプレーに必ず出ます。内野でも外野でもそうですが、考えた守備は野球に深みを与えるとも思います。

今は選手の身体能力が高くなり、外野手が打球に飛び込んだり、フェンスに激突しながらすごいキャッチをすることもありますが、守備オタクの僕から見ると、そんなに必死にならなくても、きちんとしたポジショニングをしていたら、もう少し簡単に捕れたのではと思うプレーがよくあります。

ギリギリのホームの補殺が減っているのは寂しいです。コリジョンルールができたのは分かりますが、もっともっと狙ってほしいです。別に捕手のタッチプレーが禁止されたわけでもないし、ホームでのクロスプレーは野球の醍醐味だと思います。

守備について書き出したら妙に長くなりました。話を西武1年目に戻しましょう。

ドキドキよりホッとした『10・19』での優勝

1988年が西武1年目でしたが、新天地でのいい緊張感もあり、僕にとって初めての打率3割を残しています（．303）。結果的には、この年が最初で最後の正真正銘の打率3割バッターになりました。別に打撃開眼したわけではありません。この年は二番打者の起用が多かったこともあって、久びさにバントも多かったですし（41犠打）、打率はまったく考えていませんでした。ただただ、このとんでもない連中が集まったチームで、自分が生き残るために役割を果たさなければと思ってやっていただけです。

西武に来て、再びバントが増えたことは別に嫌だとは思いませんでした。ドラゴンズで一軍に定着した時期もそうでしたが、バントは僕の仕事であって、飯のタネです。好きも嫌いもない。サインが出たらきっちり決めるだけです。それができたからドラゴンズで試合に出させてもらうことができ、黄金時代の西武でもレギュラーになれたと思っています。

この年、ホームランは7本ですが、僕はドラゴンズ時代も含め、ホームランを狙ったことは一度もありません。特に西武時代は、後ろに秋山、清原、デストラーデがいます。大振りしたら、お客さんに「なんでお前が振り回しているんだ！」と怒られるだけです。

不思議なことに、あの年の7本中6本が阪急ブレーブス（現オリックス・バファローズ）だったようですね。しかも、左腕の星野伸之から4本です。タイミングが妙に合って、あいつの武器の緩いカーブも気になりませんでした。レフトスタンド上段への僕らしくないホームランもあったと思います。

この年、優勝が決まったのが、あの『10・19』です。西武はもう全日程が終わっていて、2位の近鉄バファローズは、川崎球場での対ロッテのダブルヘッダーで2勝したら逆転優勝という展開でした。僕らは西武球場で練習し、一度、家に戻って試合のテレビ中継を見て、2試合目の7回くらいに球場に戻り、待機していました。

結局、近鉄は1勝1分けで西武の優勝が決まりましたが、待っている間、不思議とドキドキはしませんでした。ただ、決まったときホッとはしましたね。セ・リーグで古巣の中日が優勝し、1対1で交換になった小野和幸が18勝を挙げ、最多勝を獲っていたのでなおさらです。伊原春樹コーチが、真顔でやたらと「優勝できなかったら、お前のせいだぞ」と言っていたのも、うるさいなと思いつつ気になっていました。

翌日の報知新聞で、広野功コーチが僕を陰のMVPと評価してくれた記事があったようですが、広野コーチは中日の二軍時代から僕を見てくれていた方なので、ひいき目もあったと思います。ただただ、必死にやった1年でした。

西武時代の広野コーチで一番覚えているのは、野球とは関係ないことですが、西武球場でのロッテ戦のあとです。僕か嫁さんだったかの誕生日で、広野さんも一緒に僕の所沢のマンションでお祝いをしようということになりました。

カーナビもない時代ですから、試合後、広野さんには僕の車の後ろについてきてもらい、墓地を抜けたり、ローカルな細い道を通ったりしたのですが、マンションの駐車場に着いたらびっくりです。なぜかロッテの選手が何人か車でついてきた！　聞いたら、広野さんが裏道を知っているのだと勘違いして、ついてきたらしいです。広野さんは西武の前、ロッテでコーチをしていましたからね。

大笑いして解散です。

緊張して力みまくった古巣ドラゴンズとの日本シリーズ

中日相手の日本シリーズはやっぱり緊張したし、力みました。古巣と試合をすること自体はうれしかったし、楽しみだったのですが、選手、コーチも顔見知りばかりで、なんだか落ち着かなかった。

ただ、昔の雑誌を見たら「平野はナゴヤ球場で猛烈にヤジられていた」と書いてあったそうですが、むしろ、客席から声を掛けられたり、結構、温かかったような気がします。いいほうに記憶が塗り変わっているなら、それはそれでいいんじゃないですか（笑）。

いずれにせよ、すごく緊張したのは確かです。全試合一番打者でしたが、硬くなってほとんど打てなかった。確か打率も1割台だと思います（.158）。守備でもドラゴンズ時代のセンターからライトになっていたので、ナゴヤ球場のライトからの景色になかなか慣れなかった。捕球ミスで後逸して、客席から笑い声が起こったのを覚えています。

僕が打つ打たないとは関係なく、西武は強かったです。4勝1敗で危なげなく3年連続の日本一です。僕にとっては初めての日本一で、プロ11年目にして初のベストナインをもらいました。当時の西武は景気がよかったので、給料もドンと上げてもらっています。

1980年代の後半から1990年代前半は、球界が大きく変わった時代でもあります。この年限りで南海ホークスが福岡ダイエーホークス（現福岡ソフトバンクホークス）、阪急がオリックス・ブレーブス（現オリックス・バファローズ）になり、球場では2つのドーム球場が誕生しました。

1988年に東京ドームができたときはびっくりしました。初めての屋根つきですからね。風がないし、守りやすかったのですが、最初は薄暮でボールが白っぽい天井に紛れ、見えなくなることがありました。ただ、途中から少し汚れたのと、あとは慣れもあるのでしょう。ほとんど気にならなくなりました。

1993年にできた福岡ドーム（現PayPayドーム）はフェンスが高く、当時はホームランが出にくい球場と言われましたが、スタンドの色が濃いグリーンで打球が見やすかったのでフライは捕りやすかったです。

そのあともドーム球場は増えていきましたが、僕は屋根がない球場のほうが好きです。確かに雨や暑い、寒いはありますが、屋外のほうがプレーしていても、観戦していても気持ちいいじゃないですか。

それに雨天中止がある。足を運んでくれたお客さんには悪いのですが、選手はうれしいのです。雨が降って中止になったときの「ああ、きょうは野球しなくていいんだ」という気持ち、あれがなんとも例えようがないくらいうれしい。

これは僕だけじゃなく〝選手あるある〟だと思います。

見上げていて首が痛くなったブライアントの4連発

2年目が1989年で、僕が西武時代、唯一優勝できなかった年です。前半は誕生したばかりのオリックスが走って10ゲーム差くらいつけられました。あまりにも負けたので、遠征のバスの中で石毛宏典が、「お前らこのままでいいんか!」とハッパを掛けたことがあります。彼は要所、要所でチームに活を入れ、そのタイミングがうまい男でもありました。このときも、そこから上がってきて一時は首位になっています。

ただ、そのまますんなりとはいきません。近鉄も加わって三つどもえになり、一番のハイライトは10月12日の近鉄とのダブルヘッダー(西武)です。

この時点で西武は首位で、連勝なら一気に優勝が近付いたはずですが、(ラルフ・)ブライアントにボコボコに打たれて連敗となり、そのまま力尽きました。

ブライアントの打球はいつも首が痛くなりました。見上げても落ちてこないからです。あの2試合ではブライアントの4打数連続本塁打があり、ずっと空を見上げていた気がします。

1試合目の最後は、渡辺久信が高めの真っすぐを決勝ホームランにされました。外野から見ていても悪い球ではなかったと思います。あのコースは、それまでのブライアントなら、間違いなく空振りです。渡辺久の疲れか、ブライアントのアドレナリンが出たのか分かりませんが、そういうことも野球にはあります。悔しかったのでしょうね。ロッカールームで渡辺久が泣いていたのを思い出します。

試合のあと、森監督が、「あそこはフォークを投げておけばよかったんだ」と渡辺久に言ったらしいですが、配球は「たられば」です。終わってからは言わないほうがいい。森監督もそれは分かっていたはずですが、それでも言ってしまうくらい悔しくて、興奮していたということでしょう。

ケガの功名でスローイングがスムーズになった？

優勝は逃しましたが、そのオフ、レギュラークラスは前年と同じく箱根の温泉でオーバーホールをしました。

野球を忘れてのんびりとは思ったのですが、ついつい当時はデーゲームだった近鉄と巨人の日本シリーズをみんなで見入ってしまった。そこで誰だったか、「今年の日本シリーズは盛り上がらんな。なんでかな」って言って「そうか、自分たちが出ないからか」となりました。分かり切ったことを言葉にしただけですが、そのあとみんなで「じゃあ、来年はダントツで勝って俺たちが出るぞ！」と言い合ったことを覚えています。

僕にとって、いろいろな意味で悔しい年でした。優勝を逃しただけではなく、8月に大ケガをして戦線離脱をしたからです。右肩の脱臼でした。疲れていたのだと思いますが、一塁走者になったとき、一、二塁間の当たりをジャンプして避けたら、目測を誤り、肩から落ちてしまいました。普段ならあり得ないのに、集中力がふっと抜けた感じです。

かなりの重傷で、普通なら3カ月くらいの離脱だったと思いますが、1カ月余りで戻りました。理由は病院に行かなかったからです。たまたま大阪から知り合いの整体の先生が来ていたので、ガッと入れてもらいました。あれはマジで痛かったですね。あとで肩鎖関節のじん帯が切れていたのが分かりました。本当は整体でどうにかなるわけじゃなかったわけです。

病院に行かなかったのは、とにかく早く戻りたかったからです。西武は選手層が厚いので、長く休んだら間違いなくレギュラーを取られるという現実もありました。

それに、またも昭和のプロ野球の〝あるある〟ですか、別にケガが全治しなくても、痛みがあっても、我慢して野球ができるなら、それが治ったということなのだと思っていました。ドラゴンズ時代、ケガで途中交代したら星野仙一さんに怒られた話を書きましたが、そのあとは骨折しても「これはやれる骨折」と試合に出たことがあります。ベンチもベンチで、腱鞘炎《けんしょうえん》で守れず、バットをしっかり持てないときも、「でも、代走はできるだろ」と休ませてもらえませんでした。

ただ、ケガの功名じゃありませんが、これでじん帯が切れたのがよかったようです。野手に転向したころからボールを投げると肩に引っ掛かりがあり、痛みもあった。ひどいときは、痛み止めを飲んでやっていたのですが、あのケガで普通に投げられるようになりました。

どんな投手相手でも最終的には攻略した西武打線

1990年は、パ・リーグ、それもライバルである近鉄に、とんでもない新人が登場しました。皆さんご存じの野茂英雄です。

トルネード投法と名づけられましたが、今まで見たこともないフォームから、球は速いし、フォークはとんでもなく落ちる。あの年、先発の投手タイトルを全部獲って、優勝してないのにMVPにもなっています。

最初は彼の投げ方にびっくりしました。おそらくアマ時代から直そうとしたコーチは多かったはずですが、頑固に変えないメンタルもすごいと思いました。結局、最後まで貫いてメジャー・リーグでも活躍しましたしね。

ただ、はっきり言えば、野茂は西武にはあまり勝てなかった（1990年は4勝4敗）。理由はフォークを投げるときのクセが分かったからです。野茂は確かに見たことのない、すごいピッチャーでしたが、そのクセをすぐ見抜くヤツがライオンズにはいたということです。あの年、僕の対野茂の成績は25打数9安打の打率・360だそうです。世界の野茂からこれだけ打ったのですから、打者・平野謙も大したものです。

野茂とは、西武時代はそれほど話したことはありませんでしたが、僕がロッテに行ってから話す機会があって、「平野さん、どんどん打ってください」と言われたことがあります。「なんで」と聞いたら「どうせマリーンズは打線がつながりません。でも、西武は平野さんを出すと後ろがね」と言っていました。投手目線でも、打線は線になっていたほうが怖いのだなと思いました。

当時の西武打線は味方から見てもすごかったです。個々の力だけではなく、バランスがよかった。一番の辻、二番の僕でチャンスをつくり、破壊力あるクリーンアップで大量点を奪う。下位打線も強力ですから、相手は息をつく間もなかったと思います。

野茂をはじめ、どのチームも先発のトップ3が西武戦で投げましたが、みんな「またあいつかよ、勘弁してよ」とは言いながらも必ず攻略しました。ロッテの伊良部秀輝もすごい真っすぐを投げていましたが、清原、石毛はよく打ちましたからね。逆に、たまに120キロくらいの投手が来ると、打てなかったりしました。

ただ、相手からすると、西武投手陣こそ〝反則〟だったかもしれません。彼らを見ていていつも感じていたのは「余力があるな」ということです。渡辺久だけは、いつも全力投球のタイプでしたが、工藤、石井丈裕、渡辺智男と、みんな走者のいるときといないとき、ピンチかどうかで投げ分けていたように見えました。自信はあるけど過信はないヤツらだなと思っていました。

一番は郭泰源でしょう。不思議な投手で、ここぞのときは、球の速さだけじゃなく、球質まで変わっていました。彼がいつも本気で投げたら、いったいどれだけ勝てるのだろうと思ったくらいです。最多勝のタイトルや通算でも200勝くらいは軽くいったのではないでしょうか。1988年の日本シリーズでは、中日相手に喫した唯一の負けが泰源だったのですが、試合後、西武ベンチは「まさか泰源で負けるなんて」と少しざわめきました。あの年の泰源は13勝3敗で、ここ一番で負けたことがなかったからです。

受ける伊東勤もいいキャッチャーでした。捕手出身の森監督も一目置き、彼のおかげで投手陣の力が引き出されたと思います。

強いチームの条件とタヌキだった森祇晶監督

いろいろ強いチームは見てきましたが、やはり先発オーダーが確立しているのは絶対条件だと思います。当時の西武で言えば、捕手が伊東、一塁が清原、セカンドが辻、ショートは石毛から田辺（現田邊）徳雄に代わって、サードが石毛。外野は僕がライトで秋山がセンター、レフトだけ固まってなくて笘篠誠治、吉竹春樹、安部理が入っていました。あと指名打者がデストラーデです。

このレギュラー連中がそれぞれ自分たちの役割を果たし、しかも責任感があって体調管理も自分たちでしっかりできていた。ベンチからしたら、こんなに楽なことはありませんが、控え選手はたまらなかったでしょう。食い込む隙がない。ただ、こっちもこっちで、あまりの層の厚さに「一度スタメンを取られたら戻れないかもしれない」という気持ちはずっとありました。

では、少し最強西武の野手のこぼれ話も書いておきましょう。

1989年途中入団のデストラーデは陽気な男でした。本塁打王3回、打点王2回のスイッチヒッターですが、あれだけ打てたのは西武にいたからもあると思います。秋山、清原とすごいバッターがいて相手の警戒が分散されたのもあるでしょうし、同一リーグのときは相手のキャッチャーのサインがバレバレだったから、走者がセカンドにいたときは、真っすぐかフォーク系か教えていました。

一緒にやった野手のレギュラーで一番若かったのが清原です。僕が西武に入ったときは、清原の3年目でした。態度がいい悪いというより、はっきり言えば、ボーッとして緊張感がなく、まともにあいさつができない子でした。ドラフトのときの入り方もあってか、周囲が腫れ物みたいな扱いをしていたのもあったと思います。

僕は特におせっかいというわけではないのですが、そういう腫れ物に触わるみたいな付き合いが嫌なので、ほぼほぼ毎日、「なんだ、キヨ、あいさつないな」と言っていました。別に怒ってじゃありません。なんとなく、ちょっかいを出していただけです。あいつも僕が言うと、いつもニコニコしてペコリとしていましたが、だんだん、向こうからちゃんとあいさつをしてくれるようになりました。

だからと言って一緒に飯に行くとか、そういう関係になったわけではありません。清原は昭和42年（1967年）生まれですから、僕と干支が同じ未《ひつじ》で、一回りも違う。話が合うはずもありません。20代、30代の12歳差は大きいですからね。

日ごろの教育の成果もあってか、だいぶたってからですが、ロッテの二軍監督時代、ジャイアンツ球場で巨人との試合があったとき、二軍で調整中だった清原がタタッと走ってきて、あいさつしてくれたことがあります。僕は普通に「おお、久しぶり」でしたが、ロッテの連中が驚いていました。きっと「このオジさん、意外とすごいんだな」と思ってくれたのではないでしょうか。

僕も含めてかもしれませんが、この西武のクセモノたちを束ねていたのが、森監督です。ものすごく頭のいい人でしたし、相当なタヌキでもありました。

当時、ベテランのレギュラーは僕と石毛、辻だったのですが、僕には「石毛と辻はだらしないところがある。謙、お前が頼みだ」と言いながら、同じようなことを石毛と辻にも言っていた。3人は仲がよかったので、あとで「こんなこと言われたぞ」「あ、俺も」「俺も」になりました。

勝てると思った日本シリーズ、巨人に怖さはなかった

西武3年目の1990年は、前年優勝できなかったことで、みんなの顔色が変わっていました。「個人成績は関係ない、絶対優勝する」という思いが、いつもの年以上に強かったと思います。

結果から言えば、独走で優勝です。僕自身は打率・267ですから、あまり打っていませんが、50犠打はしているし、二番打者としての役割は果たしていたと思います。セ・リーグも巨人が独走で優勝。当時、投手陣に斎藤雅樹、桑田真澄、槙原寛己がいて、前年は近鉄に勝って日本一です。日本シリーズの下馬評は圧倒的に巨人有利でした。向こうも楽勝くらいのつもりだったと思いますが、僕たちは「勝てる」と思っていました。

実際、日本シリーズをやっていて〝怖さ〟はまったくありませんでした。過信やおごりではなく、そのくらい自信があった年です。唯一、バタバタしたのは、第1戦の先発を聞いたときくらいです。みんな斎藤かと思っていたのが、槙原で、少しだけ焦りました。

あの試合、僕は初回初打席から送りバントです。一番の辻がツーベースを打ったあ

と、投手前に転がしたと思います。槙原の真っすぐは速いので、コースを狙うより、まずは球の勢いを殺そうと思った記憶があります。そのあとデストラーデが初打席でホームランを打って、早々に「ああ、これで、いけるんじゃないか」という雰囲気になりました。

ペナントレースでも初回からバントはよくありました。というか、先頭打者が出たらサインを見る必要がないくらい必ずバントでした。パはDH制だったこともあり、初回以外は僕じゃなく、一番の辻がバントというケースも多かったのですが、バントが好きじゃないのか下手なのか失敗が多かった。「よし、久びさにかえす場面が来たな」とネクストで張り切っていると、辻のバント失敗で、結局、僕がバントをすることもありました。

僕は西武時代、1年目の1988年から5年連続リーグ最多犠打です。「またバントかよ」と思ったことがあるし、逆に違うサインが出ると「打っていいの」と笑顔になりそうになったこともありますが、納得はしていました。

何度も書いていますが、バントは僕にとって生活手段のようなものですし、当時のチームは、僕が送ったあとクリーンアップが得点につなげる確率がかなり高かったからです。

1991年の日本シリーズで「外してください」

話を日本シリーズに戻します。初戦に5対0と勝利し、「これで絶対に負けないだろう」という自信はさらに強まりましたが、みんなで合言葉のように「余計なことを言うな。何か言うのは、4つ勝ってからにしよう」と言っていました。

前の年の日本シリーズで近鉄が3連勝したあと、加藤哲郎が「巨人はロッテより弱い」とかくだらんこと言って巨人を燃えさせ、4連敗で逆転負けしていたからです。

2戦目も初回からバントで、そのあと、またもデストラーデのタイムリー二塁打などで先制し、9対5で勝利です。7対0で勝った3戦目も、初回、一番の辻がヒットを打ち、最初はやっぱりバントのサインでしたが、途中でバスターに変わりました。西武時代、日本シリーズでバスターのサインはまず出なかったので、びっくりです。「こんな大舞台で、森監督、どうしちゃったんだろう。もしかしてサインを間違えたんじゃないか」

と二度見しちゃいました。それでバントを警戒して前に出てきた三塁の頭をワンバウンドで越え、ヒットです。

それでも3連勝のあとの4戦目、初回は、またも犠打です。一番の辻が全試合で1打席目に出塁したこともあって、僕の1打席目は3犠打、1バスターでした。実は4戦目は第2打席から3打席連続安打でうち2本が二塁打。4試合トータルでも打率5割と絶好調だったのですが、それでも初回は必ず犠打というのが、逆に西武の強さを物語っている気もします。

結局、まったく危なげなく4連勝で日本一。巨人の岡崎郁が「野球観が変わった」と言ったようですが、そのくらい圧倒的な勝利でした。

次が1991年ですが、この年は笑っちゃうほど、まったく覚えていません。打率はリーグ9位の・281ですから悪くないのですが、印象がない。近鉄と競って優勝と言われたらなんとなく……くらいです。

ただ、あの年の日本シリーズは、はっきり覚えています。広島東洋カープが相手でしたが、状態は悪くないのに、とにかく打てませんでした。打順も最初は二番だったのですが、まったく打てず、コーチに「迷惑を掛けたくないから外してください」と頼んだら、5戦目は七番、それでも打てず、6戦目は九番になって、それでも打てず途中交代です。7戦目も九番スタメンとなりましたが、試合前は「出たくない」と思っていました。

ただ、なぜかこの最後の試合だけ打った。3打数3安打。ヒット、二塁打、三塁打です。ホームランが出ていたらサイクルですね。

抜けたはずの打球が抜けず力の衰えを感じる

1992年は……やっぱり覚えてない。正直、西武に行って1992年くらいまでは、あまり細かいところを覚えていません。結構、いろいろ書いていますが、これは質問してもらって「ああ、そんなことあったな」と思い出しただけです。それだけ必死だったのと、毎年のように優勝していたから、優勝に慣れちゃったところもあると思います。

打率は・280ですから、そこそこよかったようです。チームもリーグ3連覇を飾り、日本シリーズの相手は野村克也監督のヤクルトスワローズ（現東京ヤクルトスワローズ）でした。前年同様、この日本シリーズはよく覚えています。

ヤクルトは若い選手が多く、セ・リーグを離れてしばらくたっていた僕には、顔なじみの選手も少なくなっていました。40歳の杉浦享さんを見て、なんだかホッとした記憶があります。僕ももう37歳だったし、球界に年上の選手はあまりいなくなっていましたからね。

1戦目の最後、その杉浦さんが日本シリーズ史上初の代打サヨナラ満塁弾です。「さすがやな」と思いました。上からバットが出て、パチンとボールを斬るような、きれいなスイングをするバッターでした。

なぜこのシリーズをよく覚えているかというと、レギュラーシーズンでは特になかったのですが、自分ではとらえたと思った球が思ったように飛ばなかったからです。決定的だったのは、確か2戦目の荒木大輔からの外野フライです。いい形で打ち、ホームランとは言いませんけれど、フェンスに当たるくらい飛んだかなと思ったら、抜けずに捕られてしまいました。

そのとき、「ああ、俺、力が落ちたのかな」と感じました。インパクトの瞬間、押し込む力がなくなって、はらっている感じです。パでは慣れでなんとかやれていましたが、対戦の少ない投手相手で、ごまかしがきかなかったと言えばいいのでしょうか。結局、6戦目でスタメンを外されて、7戦目は試合にも出ていません。

野村監督の『ID野球』については特に何も感じませんでした。西武のほかの選手もそうだと思います。データ野球はライオンズでずっとやっていましたからね。あれはヤクルトが、その前の野球から変わったからそう言われただけだと思います。

あの年、一番覚えているのは秋季キャンプだったか、日本シリーズ前のキャンプだったかは忘れましたが、守備コーチと口論になったことです。

自分から売ったケンカじゃありませんが、納得できないことを言われて言い返したら、そのコーチに「1年だけ使ってやるよ」と言われた。それで完全に切れて、「俺はあんたに雇われているわけじゃない！」と怒鳴りました。

それで気持ちが切れたとかは一切ありませんが、球団やコーチ陣には面倒な選手だなと思われたかもしれません。

刺せなかった送球にショックと悔い

翌1993年は、体力面の衰えをさらに感じた1年でした。チームも4年連続リーグ優勝は飾ったのですが、出だしから歯車が狂っていたような気がします。

デストラーデがメジャー復帰で抜け、清原、秋山もパッとしなかった。辻は首位打者でしたが、腰痛で開幕は二軍スタートです。

一番大きな違和感は、僕に送りバントのサインが出なくなったことです。気楽と言えば気楽ですが、なんだか打席で居心地が悪かった。森監督がどう思っていたかは分かりませんが、絶対先制点を取るという、これまでのライオンズの戦いとは違っていました。点差が離れた大勝ち、大負けが増えた年でもあります。

僕は西武に移ってから初めて規定打席に到達せず、打率は．239。ベンチを温めるのはもちろん悔しかったのですが、プロは結果ですから仕方がありません。38歳になる年でしたし、シーズン終盤は疲れがたまり、思うような動きができませんでした。

これも日本シリーズですが、ライト前ヒットを打たれたとき、クロスプレーながらホームで刺せなかったこともショックでした。刺せないこと自体は何度もあるのですが、このときは刺せたと思ったのにダメでした。

解説は廣岡達朗さん（元西武ほか監督）で、「すごくいいボールで、すごくいい走塁」と言ってくれたそうです。実際、紙一重のプレーではありましたが、あの打球自体はアウトにしなきゃいけないものだったし、今までの僕ならできたはずです。

もっと言えば、刺せないと思えば、もっと前に出て捕球して投げなければいけないのに、自分の力を過信してしまったのも嫌な気持ちになりました。相手があの場面でランナーを回したのも屈辱でしたね。今までなら回さなかったはずです。

日本シリーズはヤクルトに3勝4敗で負けてしまい、1992年と同じく最後の試合は使ってもくれませんでした。

西武からもやっぱり追い出された?

このオフ、FA元年ということもあって、球界全体がすごくバタバタしていました。僕もFAの権利はありましたが、宣言する気はまったくなかったです。日本には、まだなじまないのではないかとも思っていました。

FAは選手の権利だし、自分自身が西武移籍で再生したように、チームが変わること自体はいいことだと思います。ただ、選手が自分の意思で、より評価の高いチームへ移っていくことに対し、ファンもそうですが、選手自身も、そこまでビジネスとして割り切れるかなと思っていました。僕がそんなことを考えても仕方がないのですが、根がマジメなもので、ついついあれこれ考えちゃいました。

西武の主力選手の放出が始まった年でもあり、FAではなく、トレードで秋山と渡辺智、内山智之がダイエーに行き、僕はFAを宣言するどころか、似て非なる立場の自由契約、いわゆるクビを宣告されました。

球団から戦力外と言われたのは、11月の初旬です。最初は任意引退でどうだと言われましたが、「選手を続けるかどうかは分からないけど、自由契約にしてください」と言いました。どの球団とも話ができるようにと思ってです。

ショックは別になかったです。そんな雰囲気はあったので、呼ばれたときからなんの話かは察していました。「ああ、やっぱり来たな」というだけです。前年、ケンカしたコーチの言葉どおり1年で退団になったのは少ししゃくでしたが、それも仕方ありません。

西武からは、コーチとか、そのあとの話も特にありませんでした。その年の途中、コーチから「やめたあとのことも考え、コーチ目線で勉強しろ」と言われたこともあったのですが、バカな男なので「嫌です」と断っていました。前年のケンカもありますし、こいつにはコーチは無理だなと思われていたのかもしれません。

西武黄金時代のあっけない終焉

実際、指導者の道はまだ考えていませんでした。美学とは言いませんが、ボロボロになってもやり切りたい、という思いがあったからです。

もちろん、どこからもいらないと言われたら「ありがとうございました」と感謝しながら引退します。でも、一つでも「来てくれ」あるいは「テストを受けろ」でもいいのですが、そういう話があれば、やるだけやってみたいと思っていました。

幸いロッテから声を掛けてもらい、現役は続行となりました。よく覚えていないのですが、当時のインタビューで西武に対し、「十分な使い方をしてもらえないという不満を持っていました」と過激なことを言っているようです。そういう気持ちがなかったわけではありませんが、あの年はシーズン中から自分の体力の衰えを感じ、若手に譲る時期が来たのかなという思いも持ってやっていました。

それに、そのインタビューは、もうロッテに移籍が決まってからのものです。だったら「力の限界を感じていた」「やめる覚悟もあった」とは言えないでしょう。獲ってくれたロッテにも失礼ですからね。

最後は追い出されたような形になりましたが、黄金時代の西武でやれたことは幸せでしたし、誇りです。あのメンバーの中で、30過ぎで入った外様の僕がよくやったと思います。

当時の西武は、怖いくらい先を見た選手補強をしていました。管理部長だった根本陸夫さんの力かもしれませんが、移籍やドラフトで獲得する選手に、全部、長期的なプランがあった。僕は33歳になる年に西武に行きましたが、間違いなく、僕がライトで何年できるか逆算して獲得し、育てているなと危機感を持って見ていました。

豊富な資金力もあってのことだと思いますが、現場とフロントの連携がしっかりしていたのが黄金時代の土台にあったことは確かです。それが1993年、根本さんがダイエーに移り監督になったあたりから少しずつおかしくなっていき、このあと何年かで主力の野手がほとんど移籍し、盤石だった黄金時代は、いつの間にか終わってしまいました。

西武時代と同じことを中日でもやっていたら……

西武時代、何度も思ったことですが、出されたときにあらためて思ったのは、西武時代と同じことを、なぜドラゴンズ時代にできなかったのかということです。

仙さんと合わなかったと書きましたが、選手は監督が誰であれ、チームに貢献しなければいけません。そのために100パーセントの努力をし、結果を残したうえで、監督への文句があるなら一人で酒でも飲みながらブツブツと言えばいいだけです。

僕がいたときのドラゴンズは、優勝から遠ざかっていましたが、名古屋ではファンがすごく手厚い。大して選手に危機感がなかったのは事実です。どうしても優勝したいという雰囲気ではなかった。何度も書きますが、ぬるま湯でした。

仙さんは、それを変えました。方法として怒鳴ったり、鉄拳もありました。僕はそれがいいか悪いかは分かりません。そんなことをしなくても、西武みたいに選手の意識次第でチームは変わるからです。ただ、仙さんが、ぬるま湯を許さず、厳しさを植え付けたことで、就任2年目の1988年に優勝しました。これはすごいことだと思います。

僕自身の話をすれば、全部自分の問題なのに、ドラゴンズ時代は他人のせいにし、努力を怠っていました。名古屋で生まれ育って、名古屋の球団に入って、レギュラーも獲って背番号3をもらった男です。過信したり、思い上がったりしなければ、ドラゴンズで選手人生を終え、ドラゴンズにもっと恩返しをすることができたかもしれません。もっと自分はドラゴンズのためになれたのではと思うと、今でも悔しいです。

指導者の立場になってから、なおさらそう思うことが増えました。能力があるのに言動や考え方がちょっと間違っていて伸び悩む選手はたくさんいます。意識を少しだけでも変えたら上に行けるのになって思っていました。見るたびもったいないなと思うし、自分もそうだったな、と思います。

ただ、西武である意味、改心できたのはよかったと思います。気づかなくて、やめた人のほうがはるかに多いですしね。

第4章

千葉ロッテマリーンズ時代

曇りのちどしゃ降り、時々晴れ

1994-2002

勝つ気がないのか！　ロッテの体質への不満

千葉ロッテマリーンズ1年目の年俸は、西武ライオンズ時代の半分くらいでしょうか。最初に金額を聞いたときに思ったのは「税金を払えるかな」でした。

前の年に1億円プレーヤーになったので、その税金を払わなきゃいけない。6割は持っていかれるのですから、きついです。新年俸から払ったら完全に赤字です。

でも、そう思ったのは一瞬です。きれいごとを言うわけではなく、僕は、お金は関係ないと思っていました。自分を必要としてくれるところで野球をやりたかったし、やれるなら一生懸命やるしかないと思っていました。

背番号は8でした。有藤通世さんが着けたミスターロッテの番号ですが、別に期待されてもらったわけではなく、西武時代に着けていた24には山下徳人がいたので、空いていた番号をもらっただけだと思います。

山下には「24を取られちゃうかなと思っていました」と言われましたが、別に24が欲しいとも思っていませんでした。愛着がなかったわけではなく、『ライオンズの24』には、すごく愛着がありましたが、チームが変わったので固執する気はありませんでした。

中日ドラゴンズ時代の後悔もあり、僕を拾ってくれたロッテでは今まで以上の練習をし、若い選手に負けないように動くことで「ああ、年寄りでもやれるんだ」というところを見せられたらいいなと思いました。

ロッテは西武の投手コーチもされていた八木沢荘六さんが監督でしたが、入団会見が少し妙でした。小野和幸と並んでやったんですよ！　覚えていますか。1987年オフ、僕の交換トレードの相手です。ドラゴンズで1988年は最多勝と頑張りましたが、その後、低迷して、僕と同じく自由契約となってロッテに決まりました。

奇遇というか、笑っちゃいましたね。

ほかにも1年前からドラゴンズ時代の後輩・宇野勝がロッテに入っていたし、なじみやすかったですよ。もう38歳のおっさんですから、若い連中がとやかく言うはずもないですしね。

当時のロッテは、みんな一見、仲がいいのですが、意外と派閥がありました。違う派閥だと、相手が先輩でもあいさつしないことがあって、「おいおい、そんな面倒くさいことやっているのか」と言った記憶があります。

八木沢監督からは「ロッテはチームが長いこと勝ってないことがあって、勝てないことに慣れてしまっている面がある。若い選手も多いので、ベテランとして、チームをまとめていってくれ」と言われました。八木沢監督も西武の黄金時代を知っているから、西武みたいな雰囲気をと思っていたのでしょう。

実際、当時のロッテには力のある若い選手が多かったのですが、リードされていると、すぐあきらめてしまうチームでもありました。西武時代は敵ながら「もったいないな」と思っていました。

ただ、「まとめてくれ」と言われても、正直、話すことは得意じゃないし、「俺についてこい」と偉そうに言えるタイプでもありません。

それでもなぜか強烈に責任を感じてしまい、西武でやって、これは勝つためには必要だと思ったことを伝えようと思い、僕にしては珍しくいろいろ意見を言いました。ただ、その場その場では聞くのですが、誰も実行に移さなかった。それが寂しかったですね。

結局、ドラゴンズ時代のぬるま湯と同じです。どうしても勝ちたいという気持ちがなかった。西武みたいに強いチームが相手のクセ盗みとか、細かいところまでしゃかりきにやっているのに、弱いチームが「そこまでしなくてもいいだろ」と思ってやっていたら、何年たっても勝てません。

勝利への執念という面で物足りなさはありましたが、ロッテの選手は素直でいいヤツがたくさんいました。それに僕が西武時代と同じくらい守備とかバッティングができていれば、また言葉の伝わり方が違ったかもしれません。

千葉マリンの風は逆風にも追い風にもなる

ロッテ時代の思い出の一つに千葉マリン（現ＺＯＺＯマリン）の風があります。

これがほんと、すごい！　甲子園の浜風とか、どの屋外球場も風はありますが、千葉マリンはレベルが違います。強風で試合中止になることもあるくらいですからね。

海からの強風が外野から吹き込み、バックネット側のスタンドに当たって返ってくるのですが、いつも風向きが同じというわけではありません。多いのは上空はバッターからしたら逆風で、下は追い風ですが、左右からも影響を受け、巻いているときもありました。

風が強いときは、高く上がった打球は押し戻され、ハーフライナーだと逆に風に乗って落ちてこず、そのまま伸びていくこともありました。

最初は面倒くさかったです。ほかの球場ならホームランになりそうなものすごい当たりが来て、下がったはいいけど、途中でボールが止まって前に落ちてきたこともありました。このときはショートのすぐ後ろに落ち、ツーベースだったかな。

ただ、慣れたら大丈夫です。風は、その日によって強弱はあるけど、傾向を頭に入れておけば、そんなに問題はありません。大きく風の影響を受けるのは高く上がった球なので、時間の余裕があり、対応できます。

ほかの球場と違うのは、目を切って打球を追うのが難しかったことです。逆に言えば、バットに当たってから捕球までボールを見続けるのが、千葉マリンで守るコツと言ってもいいかもしれません。

この強風がピッチングに影響を与えることもあります。代表的なのは、僕のロッテ2年目（1995年4月21日）、オリックス・ブルーウェーブ（現オリックス・バファローズ）の野田浩司が、2022年、ロッテの佐々木朗希が並んだ日本最多記録の19奪三振を達成した試合です。

ネット裏に当たった風が、グラウンドレベルでもはっきり体感できる強風になって打者から投手に向かって吹いていました。野田のフォークは〝お化けフォーク〟と言われて、それじゃなくてもすごい落差はあったのですが、この日は、それこそ一度止まってから真下に落ちたり、逆に浮かび上がるような球になっていました。フォークは回転数の少ない球なので、まともに風の影響を受けるのでしょう。

それまでは17奪三振が日本記録でしたが、8回に新記録の18、9回、新記録の19個目と、僕が連続三振を食らい、めでたく球史に名前を残すことができました。

2打席とも、三振したくないから当てにいこうとはまったく思いませんでした。自信があったからです。あの日、1打席目にはライト前ヒットを打ち、実は、僕が野田の球に一番タイミングが合っていたこともあります。それが過信になって、2三振したと言えるかもしれません。

千葉マリンについては「遠かったな」という印象もあります。選手時代は所沢から車で通っていたのですが、所沢から千葉マリンだと、下手をすると2時間半かかります。デーゲームは前泊していました。行き方も途中で高速を降りて下の道を行ったりといろいろやりましたが、最終的にはあまり変わらなかった。兄やん（松沼博久）がコーチで一緒だったとき、所沢からヨーイドンで高速と下の道で行ったこともありますが、不思議なもので千葉マリンの入り口で一緒になりました。

野手のエラーにまったく動揺しないという小宮山悟だが

ロッテ1年目の1994年、最初はレギュラーで出ていましたが、八木沢監督が成績不振で8月に休養になり、コーチだった中西太さんが代行監督になってからは控えが増えました。

最終打率は・227ですから、使ってもらえないのは当たり前です。ただ、スタメンの時期は、それなりによかった。開幕の日本ハムファイターズ戦は猛打賞で、ゴールデンウイークあたりまでは打率3割前後だったはずですが、代打や途中出場が多くなってからは結果を出すのが難しくなりました。

西武時代の終盤は、結果は出なくなっていたものの、体は動いていましたが、ロッテ時代は感覚と体の動きがずれてきました。ただ、肩の衰えを考えて少し前を守ったり、少しでもボールに届くようにと、グラブのサイズを大きくしてもらったりと、その中で、できる限りのことはしたつもりです。

当時、ロッテの外野手は西村徳文、平井光親、山下、ミューレンあたり、内野はセカンドが掘幸一、ショートが南渕時高、サードが初芝清で、みんな個性派でした。特に初芝。あいつはほんとフライを捕らなかった。いや、捕れなかったのかもしれないけど、ダグアウト前に飛んだファウルフライは追い掛けるだけで、まず捕らない。「お前、ランニングしてるだけじゃないか」とからかったことがありますが、エラーをしても悪びれた顔はしないし、面白いヤツでした。

南渕は僕が西武時代、よく彼のライト線への打球をアウトにしました。体を開いて打って、しかもバットが出てこないから、ライト線にしか球が行かないタイプのバッターです。〝あっち向いてホイ打法〟というか、体の向きと反対に飛ぶので戸惑う外野手は多かったのですが、僕はあいつが打席に入ると、最初からライト線に寄って守りました。ロッテ時代、「なんで僕の打球をみんな捕ったんですか」と言われたことがありましたが、「球が来るところに守っていただけだよ」と答えています。

投手の大将は、小宮山悟です。ロッテはエラーが多いチームだったので、「エラーが多くてピッチャーも大変だな」と言ったら、「僕は野手がエラーしても当然と思うから、いちいち動揺しない。自分の仕事をすればいいだけです」と答えました。「へえ、カッコいいな」と返しましたが、そういう小宮山も守備はうまくなかった。特に足元の打球は、ほとんど捕れませんでした。

兼任コーチになるも動けるうちは選手でいきたい

ロッテ2年目の1995年にボビー・バレンタインが監督になり、僕はコーチ兼任となりました。初のコーチにはかなり不安がありましたが、ありがたかったのは、打撃コーチだった山本功児さんの存在です。兼任だった時代があった人なので、いろいろ経験を聞いたりしました。

スタートとなった前年の秋季キャンプでは、コーチだからコーチミーティングにも出ていたのですが、どうしても選手の悪口というか、批判も聞きます。それが嫌だった。「このままいたら、もう選手としての動きができなくなるな」と思いました。だから、お願いしてスタッフミーティングには出ないことにさせてもらいました。

はっきり言えば、僕の勝手ですが、功児さんに「どっちつかずより、決めたほうがいい」と言ってもらえたので、わがままを言い、選手として動けるうちは選手でいこうと決めました。誰からも何も文句は言われませんでしたが、一軍の春季キャンプのメンバーからは漏れていましたから、よく思われていなかったのは確かでしょう。

ロッテのGMに廣岡達朗さんが就いた年でもあります。重なってはいませんが、同じ西武にいたこともあって、結構、普通に話をさせてもらい、ほかの選手がびっくりしていました。「なんで廣岡さんと笑って話せるんだ！」と言われたこともあります。

厳しい人でしたが、僕が廣岡さんから怒られたことはありません。一度、キャンプのキャッチボールで、ほわんと投げていたら「若手のために頑張っている姿を見せてくれんか」とやんわり言われたことがあるくらいです。逆に言えば、選手としては見限られていたのでしょうね。

この年、ロッテは2位です。10年ぶりのAクラスということで話題にはなりましたが、シーズン途中、優勝はほとんど意識しなかったし、チームも、そんな雰囲気にはならなかったと思います。オリックスの一強で、ずいぶん離されていましたからね。オリックスは阪神・淡路大震災の年で、「がんばろうＫＯＢＥ」をスローガンにしていて、日本中が応援し、優勝して当たり前みたいな雰囲気もありました。

オリックスの外野はライトがイチローで、田口壮がレフト、本西厚博がセンターです。いい外野でしたが、堅実というより、３人とも足が速く、よく動いているというイメージがありました。

メジャーではレーザービームとも言われましたが、当時からイチローの肩は強かった。全身がバネみたいで、投げたあと体が浮き上がっていました。ただ、守備オタクの僕の趣味からすると、捕ってからのモーションが大きいのが気になりました。もともとピッチャーだったから、投げ方が自分の中で決まっていたのでしょう。

バレンタインは2位ながら1年限りで退任でした。廣岡さんと合わなかったようですが、２人とも大人だし、僕らの前でケンカするわけでもないから詳しいことは分かりません。あとで新聞を見て、「へえ、そうだったんだ」と思ったくらいでした。

バレンタインとの距離をつくった通訳とのケンカ

当時、僕がバレンタインと不仲だったと思っていた人もいたようですが、距離があったのは事実です。ただ、実はバレンタインではなく、通訳と合わなかったのです。バレンタインが普通に話しているのに、興奮して選手に大きな声を出し、バレンタインが驚いていたこともありました。「なんだ、偉そうに」と腹が立ち、ほかの通訳に「バレンタインが言っているのと、少し違うことを言っていた」と聞いて、完全に信用できなくなりました。

僕もまだ血気盛んなところがあったので、事あるごとに、「何を興奮してるんだ。通訳は落ちついてしゃべらんか!」と言いました。彼と衝突したから、バレンタインも「平野は生意気な選手だ」と思っていたのかもしれません。

今、振り返ると本当に残念です。バレンタインが何を言っているのか、何を考えているのかをもっと知りたかった。「この作戦の意味は」「この起用の意味は」とか聞きたいことがたくさんありました。あのときほど英語を勉強しておけばよかったなと思ったことはありません。

なぜ、そう思ったかというと、二軍監督だったレン・サカタから聞いたことがすごく勉強になったからです。彼とは野球観が合っていて、話していて面白かった。一軍と違い、二軍の通訳とは気が合ったので、それもよかったです。日米野球で対戦したときは大雑把に感じたメジャーですが、やはり歴史が長いだけあって、深みがあるなと思いました。

レンは僕の2つ上の日系人で、小柄だけど、メジャーでも活躍した内野手です。日本語はまったくしゃべれなかったのですが、当時は彼もまだ若かったので、二軍監督ながら練習でバッティング投手をしたり、一緒に体を動かしながらコーチと同じように教えていました。

付き合いとしては僕が二軍スタートとなった春季キャンプからになりますが、最初は僕に対し、「なんで一軍のプレーイングコーチが二軍にいるんだ」と思っていたはずです。バレンタインからも話を聞いていたと思いますし、どんなヤツだろうと警戒していたのではないでしょうか。こちらも積極的に話し掛けたわけではないのですが、ちょっとした会話や全体ミーティングの話が、すごく新鮮で勉強になりました。

特にレンから学んだのは走塁です。シンプルで分かりやすいアドバイスをしていました。僕は盗塁王を獲っていますが、走塁への意識は、それほど高くなかった。感覚と経験でやっていたので、レンの話を聞いて、「へえ、そうなんだ。こうすればいいんだ」と目からうろこになりました。

例えばベースランニングでも、ベースの踏み方や、踏んだあとアゴを次のベースに向かって突き出すようにするといいとか、細かなことをいろいろ聞き、実際にやってみたら、それだけでも随分走塁がうまくなった。走塁の意識も高まり、のちのちにすごく役立ちました。

だから、バレンタインからもいろいろ学べたと思うのですが……。

代打で新境地も最後はケガで引退

バレンタインが監督を退任したあと、1996年は、GMは廣岡さんのまま、監督が江尻亮さんになりました。

あのオフ、僕は契約更改で越年したらしいのですが、まったく記憶にございません。単に順番じゃないですかね。誰かがもめて僕があと回しになっていたとか……。ガツンと下げられたとは思いますが、出番も減っていたし、ごねる材料はなかったと思います。

コーチ兼任を外れ、また一選手になった年でもあります。レンに教えてもらった走塁もあり、使ってもらえば、まだまだチームの役に立てる、という思いはありました。ただ、あの年のロッテは、なかなか勝てなかった。それでシーズン途中から、バレンタインのメジャー流のやり方がよかったという選手たちが、廣岡さんの毒舌への反発もあって文句を言いだした。伊良部秀輝が廣岡さんの批判をしてメジャー志願を公言したり、チームがバラバラになっていきました。

廣岡さんはかなりのバッシングを受けていましたが、はっきり言って、これは結果論です。勝っていたら、そんな騒ぎにならなかったはずです。ロッテは前年1995年に2位にはなりましたが、本当の意味で強くなったわけではありません。こうだから勝った、こうだから負けたというより、勢いで勝っていただけです。だから続かないのです。

ただ、チームがもめていたことは、すべてあとで新聞などを見て知りました。この年、一軍最後の試合出場が6月1日のオリックス戦（GS神戸）で、バタバタしたときは、ずっと二軍にいたからです。理由はつまらんケガです。新幹線で新神戸から帰るとき、ずっと眠っていたのですが、寝ぼけて、椅子についているテーブルで小指を挟んでしまった。「いてえ！」と思って病院に行ったら複雑骨折です。

江尻監督には、「ゆっくり休め」と言われ、二軍に落ちたのですが、そのままケガが治っても上げてもらえませんでした。復帰に向けての準備はしていたのですが、自分の不注意だし、仕方ありません。あとで渡辺久信（西武時代の同僚）に言ったら大笑いされてしまいましたが、それが僕の引退の真相です。

実は、あの年は、すごくバッティングの調子がよかった。ずっと打率3割台で来て、最終的に・298です。結構、いいところでも打っていました。バットを短く持って積極的にいったのがよかったと思います。もともと短く持っていて、追い込まれてからさらに短く持っていたのですが、あの年は最初から追い込まれたときと同じくらい短く持ち、しかも甘い球が来たらファーストストライクからでもガンガンいきました。

代打が増えたからです。代打は1試合1打席ですし、次のチャンスをもらうためにも結果を出し続けなきゃいけない。意外と1打席1打席という考え方が自分に合っていたのかもしれないですね。途中からは代打も楽しいなと思ってやっていました。

やり切ったが、引退に後悔はないとは言えない

この年、5月23日、ナゴヤ（近鉄バファローズ戦）で通算450犠打をマークしていますが、はっきり言ってほとんど覚えていません。右打席で近鉄戦というのだけうっすらあります。犠打に関しては、1990年に阪神タイガースの吉田義男さんの通算最多記録（264犠打）を抜いたときは、うれしいというより、周りから毎日質問されていたので、やっと届いたと、ホッとしたのを覚えていますが、そのあとも含め、数はまったく気にしていませんでした。

何度も書きますが、バントは僕の飯のタネ、生活の手段。好きとか嫌いとかじゃなく、成功して当たり前のものです。川相昌弘（元巨人ほか）に通算犠打の日本記録を抜かれたときも、なんとも思いませんでした。強がりじゃありません。川相が記録に近づいたとき、マスコミに結構、取り上げられましたが、「いずれ抜かれるんだろうな」と、その程度でした。

シーズン終盤、球団から「今年で現役を終えて、来年からはコーチでどう?」と言われました。打撃が〝プチ開眼〟したこともあり、もっとやりたいという思いは当然ありましたが、年下のコーチに「いつまでやるんですか」といびられていたし（笑）、

言われたとき、すぐ「ああ、俺も潮時かな」と思いました。

ドラフト外で入って、41歳までできたのですから、よくやったと思います。

ただ、現役にまったく後悔はなかったとは言えません。一番は、自分のプレーではなく、ロッテに対してです。移籍してきたとき、僕にしては珍しく張り切って、「西武の野球を少しでも伝えたい」と思ったのですが、途中、「ああ、このチームは勝つ気がないんだな」と思ってから「まあ、いいや」になってしまいました。

あきらめの早い僕の悪いクセです。もっとできたことはあったはずなのですが、染まりやすいから流されちゃいました。

外野守備走塁コーチも聞かれるのは打撃ばかり？

最初に要請を受けたのは二軍の外野守備走塁コーチだったのですが、一軍の外野守備走塁コーチを頼んでいた人が断ったのかなんだかしたのでしょう、急きょ「一軍に行ってくれ」となりました。

兼任時代は〝なんちゃってコーチ〟でしたし、僕にとっては初のコーチ専任です。選手からすぐコーチになると、選手との距離が近過ぎてうまくいかないというのはよく聞いていたし、実際に見てもいたので、そうならないようにとは思っていました。選手と近いのは悪いことばかりじゃありません。話しやすい、というのはプラスですが、相談相手になっても、選手にベッタリにはならないということです。

選手からは、なぜか専門外のバッティングの相談が多かった。僕が選手からあがったばかりということもあるのでしょうね。選手時代から後輩にバッティングの話もしていたので、その延長戦上で相談に来るという感じでした。

バッティングコーチはほかにいたし、直接、言うわけにはいきません。ゲームが終わったあととかに、「きょうは惜しかったな。あそこをああすれば変わるのにな」と匂わせ、向こうに「どこですか！」と質問させるように仕向けました。

これは打撃だけでなく、すべてにですが、アドバイスの仕方は「こうだ」とか「こうしろ」じゃなく、「こうやったらできるようになるかもしれないよ」と、押しつけじゃない言葉にしていたつもりです。

僕自身、現役時代、コーチや先輩から「何やってるんだ！」とか「なんでできないんだ！」と言われるのが一番嫌だったこともあります。できないことをできるようになるために、みんな一生懸命やっているのですからね。

選手が聞きに来るパターンもいろいろで、好調なときに聞いてくる選手がいれば、スランプのときに聞いてくる選手もいます。好調な選手は、自分の状態がいいというのを他人の目で確認したいというのもあったと思います。そうなると掛ける言葉も変わってきます。

自慢でもなんでもありませんが、悩んでいる若い選手に対しての打撃指導はうまかった気がします。自分自身が思うように打てなかったこともあるでしょう。その中で必死に工夫していたから、選手の悩みや改善点、もっと言えば、声の掛け方が分かった。現役時代、天性の才能で打ちまくった人ほど、「なんでこれができないんだ！」と言うことが多くなりがちです。

歯車がかみ合わず悪循環の中での18連敗

江尻監督は1年で終わって、コーチ1年目、１９９７年は近藤昭仁監督になりましたが、結局、5年ぶりの最下位に終わっています。

僕は一塁コーチをやっていたのですが、これが面白かったですね。現役時代、一塁走者として同じ方向から見ましたが、コーチだと、また別の視点で相手の守備隊形の観察ができて、すごく勉強になりました。相手だけではなく、味方のバッターランナーにしても、一塁に走ってくるときの技術や、性格がそこで分かります。必死に来るか、ダメだと思ったら早々に手を抜くかとか、その選手に言葉を掛ける際の参考になりました。

続く1998年も近藤監督でやはり最下位でしたが、皆さんは日本記録である18連敗をした年として覚えているのではないでしょうか。この連敗中、三塁コーチの西村が打球に当たって休養し、長くはありませんが、三塁コーチに回った時期もあります。チームは連敗中もそこまで暗くはなかったです。ベンチがシーンとしていたわけでもありません。みんな勝ちたいという気持ちは強かったし、惜しいゲームもたくさんありました。ただ、変な流れにのみ込まれたというか、何をやっても悪循環になっていました。

一番、覚えているのは17連敗目、ジョニーこと黒木知宏が、オリックスの（ハービー・）プリアムに9回二死から同点2ランを打たれ、延長でサヨナラ負けした試合です（7月7日／GS神戸）。プリアムに打たれたジョニーは、そのままマウンドに崩れ落ち、動かなくなりました。

ただ、ロッテは最下位でしたが、全体に混戦で、そんなに負けまくったわけではありません（勝率・462）。しかもチーム打率（リーグ1位・271）、も防御率（リーグ2位3・70）も悪くなかった。不思議な最下位と言えばそうですが、歯車がかみ合わないと、そういうこともあります。

二軍監督の最大の特権は球場でのひなたぼっこ？

翌1999年から3年間がロッテの二軍監督です。監督という肩書きは「ちょっとなあ」と思いましたが、二軍はうれしかった。コーチになったときからファームでコーチをやりたいという思いがあったからです。

一軍の選手はそこそこ出来上がっています。彼らのスキルをさらに高めながら、一緒に優勝を目指すのも、もちろん、やりがいはあります。ただ、欠点が多く、考えも甘いけど、その分、伸びしろを持った若い選手と一緒になって汗を流し、鍛え上げるほうがもっと楽しいと思っていました。おせっかいなタイプとは自分では思わないのですが、一軍に上げてからも、その選手がどうなるかなとハラハラしながら見ているのも好きでした。

二軍とは言え、監督ですから試合の采配はありますが、練習ではコーチと同じようなものです。違うとしたら居眠りできることかな。ロッテ浦和球場のグラウンドに入ったところにベンチが置いてあったのですが、ポカポカした陽気だと。ひなたぼっこみたいになって、座ったまま寝てしまうこともありました。うたた寝しても誰も文句を言わなかったのが、監督になって一番よかったことと言えるかもしれません。

二軍監督の難しいところは育成と勝利のバランスです。もちろん育成の場ではあるのですが、勝つ喜び、負けた悔しさを知らないと、一軍に上がったとき、チームプレーより個人プレーに走りやすい選手になります。僕はチームが負けても自分が3安打したらニコニコしているような選手にはなってほしくないなと思って指導していたつもりです。

1年目はイースタン・リーグの4位でした。それまで2年連続でロッテのファームが勝率5割にいかず、この年は、ずっと「5割くらいいこうぜ」と言っていました。結局、貯金1で5割はキープして終わったのですが、最後、勝てば3位という試合で、先発の小林宏之がボコボコに打たれて負けてしまいました。

投手は宏之、小野晋吾、薮田安彦らに加え、監督最後の年に渡辺俊介が入り、野手は里崎智也らと、2005年の日本一メンバーがいた時代です。息子を練習に連れてきたことがあって、頼んだわけじゃありませんが、宏之あたりが遊んでくれたこともありました。

気のいい選手がたくさんいて、家族みたいな雰囲気もありました。

ボーリックの打撃開眼を導いたアドバイス

一軍監督は、前年まで二軍監督だった山本功児さんです。正直言えば、それほど一軍と密に連絡を取り合っていたわけではありません。割と一方的に、一軍から「こいつを上げてくれ」「こいつを落とすから」という感じで言われ、「二軍に誰かいいヤツいないか」と意見を求められたことは、ほぼほぼなかったです。

別に功児さんの批判をしているわけではありません。兼任コーチになったとき、親身になってアドバイスしてもらったこともあり、恩人だと思っています。ただ、ちょっと野球観が合わなかった部分はありました。僕も、そこで自分から擦り寄って合わせられるタイプじゃありませんしね。ただ、もう選手でもなかったし、反発していたわけではありません。自分は自分のできること、やるべきことを全力でしようと割り切っていました。

時々、一軍から「この選手のこういうところを直してくれ」と言われ、選手を預かることもありました。1年目で言えば、新外国人の（フランク・）ボーリックがそうです。キャンプは一軍だったのですが、パッとせずに開幕前から二軍に来ました。

一軍からは「スイングがアッパーだから直してくれ」と言われましたが、実際に見たら違っていた。打ったあと、フォローで高くバットを上げるからそう見えるだけで、ボールをとらえるまでのスイングの軌道はアッパーではありませんでした。問題は手の甲が早めに上を向いてしまうことで、それでバットのヘッドが落ち、球に負けることがありました。だから「最後にバットを上げてもいいから、少し押し込んでからにしろ」とだけ言ったら、手の甲が寝るのが遅くなり、ヘッドが立ったスイングになってきました。

ボーリックはそのあと一軍に上がり、初打席初本塁打から始まってどんどん打ちだし、ホームランを打った試合は負けないという『不敗神話』も生まれました。感謝してくれたのか、記念にぶっといバットをもらったことを覚えています。

人間不信から鬱になったコーチ最終年

二軍監督は2001年まででしたが、本当に面白かったです。

ちょっとだけ困ったのは、中日時代の恩師の広野功さんが一軍コーチから降格し、二軍のコーチになった時期です。当時のロッテは、コーチが責任を取って、シーズン中なのに一軍と二軍が入れ替わることがあったのですが、「監督、監督」と広野さんに言われ、なんだか調子が狂った記憶があります。広野さんとは不思議な縁で、前述のように中日だけでなく、西武でも一緒の時期がありました。

翌2002年は一軍のヘッドコーチになりましたが、この1年は最悪でした。いろいろあって人間不信になり、心がぐちゃぐちゃになってしまいました。

夜中、遠征先で目が覚めて眠れなくなったり、遠征では宿舎の食堂に行けず、コンビニの弁当を食べたりしました。グラウンド以外でほかのコーチと顔を合わせるのが嫌だったからです。

病院に行ったわけではありませんが、完全に鬱《うつ》でした。

結局、2002年限りでロッテを退団し、中日入団以来、初めてユニフォームを脱ぎました。要は無職ですね。家族もいますから、経済面の不安はもちろんありましたが、幸いすぐに「解説でどうですか」といくつか声を掛けてもらい、少しホッとしました。

これで俺はフリーターじゃないぞって。いや、似たようなものかな。

第5章

解説者、住友金属鹿島時代

2003-2005

どしゃ降りのち晴れ

どん底から立ち直れた社会人との練習

その後も鬱みたいな状態は続き、時々、胸が強烈に痛くなることがありました。一度、名古屋に行く新幹線に乗ろうとしたら、胸が苦しくなって家に戻ったこともあります。

病院にも行きましたが、原因が分からず、ぼんやりと「俺は死ぬのかな」と思いました。オヤジとおふくろが亡くなった年齢を超えた時期でしたからね。

自暴自棄と言えばいいのでしょうか。もう死んでもいいと思ってしまうときもありました。車で高速道路を200キロくらいで飛ばしたり、高速道路の中央分離帯を見て、ぶつけたら死んで楽になれると思ったこともありました。

嫁さんも異変には気づいていましたが、今の僕には何を言ってもダメだろうと思って見守っていたそうです。

ただ、逆流性食道炎だと分かってから楽になりました。心筋梗塞と似たような症状が出るそうです。これを治せばなんとかなると思うと、少し救われた気がしました。

本当の意味で心のリハビリができたのは、2003年から始めた社会人の住友金属鹿島（現日本製鉄鹿島）のコーチ時代です。

これが、ほんと面白かった。社会人野球を見ること自体ほとんどなかったので、すべてが新鮮でした。

まず、選手が野球の知識に飢えていた。どうしたら、もっとうまくなれるのか、チームが強くなるのかと、みんなが思っていました。僕が話をしていると、どんどん食いついてくる。すごくやりやすかったし、楽しかったです。

肩書きは野手総合コーチだったと思います。コーチが多いわけでもないので、ノックをしたり、バッティングでは自分で打撃投手をしたり、あとはウエスタン・リーグ2勝の実績を引っ提げて、ピッチャーまで指導しました。

ただし、ピッチングに関しては、僕が偉そうに指導と言っているだけで、向こうは、「訳の分からない口出しをするオジさんだな」と思っていたかもしれませんが。

選手が目を輝かせたティーバッティング

一番力を入れたのが、バッティングです。2002年から社会人野球のバットが金属から木製に変わり、チーム打率がガクンと落ちていたそうです。「最優先で木のバットの使い方を教えてください」と言われていました。

金属バットは芯がないようなものなので、ヘッドを走らせるというより、棒を横振りする感覚になりやすい。ドアスイングになっても、ちゃんと当たったら飛んでいきますからね。でも、それは木では無理です。ボールの内側からという基本の打ち方を徹底的にやらせました。

それで、これがまた、やればやるほど結果が出て、選手がうまくなる！　コーチとして、これほど楽しいことはありません。

当時は今のようにパソコンやスマホで簡単に情報が収集できるわけではありません。プロの練習や技術が彼らにとって新鮮だったようで、「初めて聞きました」と声を弾ませていました。

一番が食いついてくれたのはティーバッティングです。当時の彼らは、置きティーか斜め前からひょいと投げるオーソドックスなパターンくらいしかやってなかったのですが、僕がバットを逆手で持たせたり、真横からとかいろいろな方向から投げながらやらせたら、目を輝かせながらやっていました。

実際、ティーバッティングで気をつけなければいけないのは、トスが斜め前からだけにならないことです。そうすると、バッターがネットに向かって真っすぐ構えていた場合、打球方向としては引っ張り系になります。慣れてないと、投げている人にぶつけちゃいけないという意識もあって、よりバットがアウトサイドからになりやすいのです。

もともと、きちんとインサイドアウトのスイングができている選手なら別に問題はないのでしょうが、彼らは金属バットで体に染みついたドアスイング気味の悪癖を矯正している段階でした。

偉そうに言いながらも、別に自分でオリジナルの方法を考えたわけではありません。現役のときに教えてもらったり、見ていたことをアレンジしながらやっていただけです。

やっていて思ったのは、現役時代は漠然としていたことが、アマチュアの選手と練習する中で、しっかり腑《ふ》に落ちてくるということです。その練習をする理由や、気をつけるべきポイント、あとは、「こういうアドバイスをすれば、選手はこう変わるんだ」という発見もプロのコーチ時代以上にたくさんありました。

難しいなと思うこともたくさんありました。ロッテ時代はプロですから、見切りをつけるところもありました。きつい言い方ですが、「この選手はここまで」とかですね。でも、このときは、なんとかしてみんなをゲームに出させてあげたい。いろいろなレベルの、いろいろなタイプの選手をどう成長させるかすごく考えたし、すごく勉強になりました。

同じ関東と言いながらも、場所が茨城の鹿島と遠かったので、行けるときは行くという約束で引き受けたのですが、週に2日か3日は行き、大会前は、ほぼ毎日でした。彼らは午前中仕事をして、午後から野球ですから、短時間で集中してやらなきゃいけません。それに合わせたメニューを組むのに苦労しましたが、やっていきながら心がどんどん晴れていった。すっきりしていきました。

まさに雨、それもどしゃ降りの大雨のち晴れの気分でした。

勉強になった選手への声の掛け方

住金鹿島は、社長の理解もあって会社全体が野球部の応援をものすごくしてくれました。ただし、その分、負けたときの選手の悔しがり方もものすごい。

1年目は練習時のコーチだけで、2年目の2004年から総合コーチとしてベンチ入りしたのですが、この年は都市対抗に行けなかった。選手が泣いておわびしている姿を見たとき、大変な野球だなと思いました。

彼らは野球で給料が上がるわけではないのですが、チームのため、今、働いている職場の名前を全国に知らしめるための使命感がすごくありました。プロ野球とはまったく違います。彼らの涙を見て、僕も気が引き締まりました、

そこからは、選手みんながこれまで以上に目の色を変えて練習し、秋の日本選手権に18年ぶりに出場して、翌年は都市対抗へ出場してベスト8進出を果たしています。チーム打率も2割そこそこだったのが、3割台まで上がりました。

助かったのが、プロから入ってきた選手が何人かいたことです。千葉ロッテマリーンズで一緒にやった礒恒之と、阪神タイガースにいた吉田浩がいました。プロの社会人野球への復帰が認められたときでもあります。彼らがよく頑張って、マジメにやってくれたのはありがたかった。「俺、プロだから」みたいな顔をしたらダメ。絶対に受け入れられない。プロとは言え、あいつらの力がずば抜けていないのもよかったかな（笑）。

言葉の掛け方も勉強になりました。こういう言い方には食いつく、こういう言い方には引くんだというのがよく分かりました。プロでも同じように感じることはありましたが、アマチュアの選手のほうがより素直に向き合ってくれ、分かりやすかったと言えます。

言い方で気をつけたのは、プロのとき以上に「こうやれ！」「これが正しいんだ！」

と強制的な言い方をしないことです。

特に最初です。レベルはプロのように高くはありませんが、野球を始めたばかりというわけではありません。その人がこれまで一生懸命やってきたこと、信じてきたことがあります。それを確認してからじゃないと始まらないし、始めませんでした。

時間は掛かりましたが、相手の考えを引き出し、そのうえで、「こういうことを考えて、こういうことをしていると思うけど、こういうやり方もあるからやってみてよ」という言い方をするようにしました。

僕自身がそうでした。中日ドラゴンズに投手で入って、それなりに自分でやってきたことはある。「どうしてできないんだ」と、ある投手コーチにいつも言われていましたが、「どうしてじゃない。できないから二軍におるんやないか。それしか言わないんじゃ、コーチの意味がねえだろ」とずっと思っていました。

しかも、そう言う人に限って、「これをやれよ。やらないとゲームに出さないぞ」みたいなことを言います。力があるかないかじゃなく、言うことをきかせるかどうかになっている。完全に派閥です。これが嫌で「くだらねえな」と思ったことは何度もあります。

いい話をしていたつもりが、最後に少し毒を吐いてしまいました。彼らと一緒にやって、本当に勉強になったし、面白かった。平野謙が原点に戻れた時期です。

第6章

北海道日本ハムファイターズ時代

2006-2008

晴れのち曇り

高田繁GMに誘われ、日本ハムでプロ復帰

2005年の秋、北海道日本ハムファイターズから「コーチで来ないか」と声を掛けてもらい、住友金属鹿島のコーチは辞め、日本ハムにお世話になることにしました。2005年、日本ハムのGMになった高田繁さんからいただいた話です。同じチームでやっていたわけではないのですが、高田さんが読売ジャイアンツ（巨人）の二軍監督時代、僕が同じイースタンの千葉ロッテマリーンズの二軍監督だったこともあり、いろいろ話をする機会がありました。そこで何かを感じてくれたのでしょうか。「チームの体質を変えるため、ほかのチームでやっていたコーチを呼びたいんだ」という話をしていました。

考えてみると斬新です。チームを変えたいとき、トレードで選手を入れ替えるというのはよくあります。特に僕みたいに文句の多いベテランを放出してですね。もちろんコーチをガラリと変えることもたくさんありましたが、大抵、監督交代時で、前の監督寄りのコーチを切って、新しい監督の派閥を呼ぶことが多い。監督が外国人のトレイ・ヒルマンだったこともあるのでしょう。日本球界に派閥なんてないし、高田さんもGMとして思い切ったことがやりやすかったのだと思います。

高田さんは、とても公平な人でした。スタッフに対し、いいことはいい、悪いことは悪いときちんと言える人です。きつい言い方をするときもあるから、好き嫌いはあったかもしれませんが、僕はそういう雰囲気が好きだったし、変に気を使わずにできたので、すごくやりやすかったです。

コーチ就任は日本ハムが北海道に移転して3年目のシーズンです。最初の2004年は、北海道もすごく盛り上がったみたいですが、前年は5位とあって、少しお客さんも減り、球団としても、このあたりで結果を出さなきゃとなっていた時期でした。

子どもの学校もあるので、札幌は単身赴任です。少し寒いときもあったけど、梅雨時も夏も爽やかだし、食べ物もおいしい。すごく居心地のいい街でした。

役職は一軍の外野守備走塁コーチです。当時の日本ハムの外野は、センターで新庄剛志（当時の登録名はＳＨＩＮＪＯ）、ライトで稲葉篤紀はいましたが、レフトは固定されていなかった。前の年は、坪井智哉と森本稀哲の併用でしたが、正直、どちらもバッティングはいいのですが、守備は今一つでした。

札幌ドームは広いですし、チームが勝つためには、外野の守備力のレベルアップは絶対に必要だなと思っていました。

3人の外様コーチでチームを変えていった

秋季キャンプからの合流でしたが、驚いたのは、選手があまりに野球を知らなかったことです。いろいろな練習をさせたり、バントのやり方などを話していると、「そんなことを聞いたのは初めてです」と真顔で驚く選手が多く、こちらがびっくりしました。

同じプロでも、チームによって練習方法に違いがあるのは分かりますが、はっきり言えば、日本ハムの選手は野球をあまり勉強してなかった。それは選手ではなく、コーチの責任です。ヒルマンがメジャー流で選手の自主性に任せていたこともあったと思います。

一つよかったのは、素直な選手が多かったことです。受け入れる気持ちさえあれば、初めて聞くことは新鮮です。興味を持って食いつき、しかも、それで成功したり、うまくなったりすると、さらに食いついてくる。結局、僕が社会人でやっていたことと同じです。僕も、社会人での経験があるから、できない選手がいても「ダメな選手だな」じゃなく「どうしたらできるんだろう」と考えるようになっていたのはよかったと思います。

もちろん、社会人と比べたら日本ハムの選手の能力は違います。比べものにならないくらい高かったのですが、それをどう磨けばいいかが、僕がコーチを始めたころの住金鹿島の選手と同じように、あまり分かっていなかったということです。

勝つことを使命にしているチームとそうじゃないチームの違いも感じました。「どうせ優勝なんて無理」というシーズンが長年続き、チームの体質になったのが、僕がいたころのロッテでしたが、日本ハムにも似た匂いがありました。

高田さんは、それを変えるために僕も含め、3人の外様コーチを呼んだのだと思います。前年に二軍コーチとして入っていた佐藤義則さん（投手コーチ）を一軍に昇格させ、僕と一緒に淡口憲治さん（打撃コーチ）と新たに契約しました。3人ともそれまで日本ハムのユニフォームは着たことがなかったのですが、他球団で実績がありました。……いや、僕に関しては、悪評のほうが多かったかもしれませんが（笑）。

なんとか勝ちたい、という球団フロントの思いが、この3人の就任で選手からも見て取れる状態になっていたのは大きいでしょう。こっちもこっちで、腕を買われたわけですから、それに応えたかった。外様だから、結果を出さなきゃ契約を簡単に切られますし、負けず嫌いなもので、「来ても何も変わらないじゃないか」と言われたくなかったこともあります。

ヒルマンが練習方法から何からコーチに任せてくれたのは助かりました。ゲームの中でも、外野手の守備の指示は、すべて僕がしていました。最終判断でヒルマンが「ここだけは下がってくれ」とかというのはありましたが、余程じゃなきゃ言ってきませんでした。

前年まで、日本ハムの外野は誰がピッチャーでも、どんな状況でも、外野の守備位置がほぼほぼ変わらなかった。だから「とにかく攻める守備をやろう」という話は何度もしました。

森本稀哲のイップス克服大作戦！

前述のとおり、日本ハムの選手は、すごく素直でした。素直に聞く耳があったことは助かりました。外野手で言えば、ベテランの稲葉もそうだったし、新庄も本当はどう思っていたか分かりませんが、ひとまず「はい」と爽やかな返事で聞いてくれました。やりにくさはまったくなかったです。

僕は春のキャンプで稲葉、稀哲、新庄に「お前たち全員にゴールデン・グラブを獲らせてやるよ」とさらりと言ったことがあります。新庄は2年連続ゴールデン・グラブ賞だったこともあり、あまり反応はしませんでしたが、稲葉と稀哲は驚いた顔をしていました。

実現する自信はあったともなかったとも言えませんが、彼らがしっかりついてきてくれたら、それなりのレベルには引っ張り上げられると思っていました。

一番下手なのは当然、稀哲です。まだ完全なレギュラーじゃなく、春季キャンプの時点では、新外国人の（ホセ・）マシーアスがレフトに入ったりしていました。ただ、打撃を生かすという起用なのにマシーアスのバットが振るわず、早々に「こりゃダメだな」となりました。

稀哲は元気があったし、身体能力も高かったのですが、一つだけ大きな欠点がありました。スローイングです。イップス気味で、遠投はできてもカットマンに投げることができず、地面にたたきつけたりしていました。

だから、春季キャンプはずっとスローイングの特訓です。まずは近距離のネットに投げさせ、徹底的に基本的なフォームを固めさせました。あとは捕ったらすぐ投げるクイックスローの練習です。これを毎日、毎日、向こうがうんざりするくらいやらせました。

最後はやはり実戦です。試合の特別な緊張感の中でしっかりできるかどうか。大きなミスをしたら、また腕が縮こまってしまうかもしれません。

最初は危なっかしかったのですが、なんとかこなし、そのうち補殺ができたりするようになってきました。試合でうまくいくと練習でできた何十倍も自信がつきます。そこからは好循環で、どんどんうまくなっていきました。

いくら守備位置を変えさせてもいつの間にか戻る？

札幌ドームは大きいし、フェンスも高い。味方も敵のバッターも、ガンガン引っ張らず、逆方向を意識する選手が多かったように思います。

特にダルビッシュ有（現サンディエゴ・パドレス）が投げているときは、力がないバッターはとても引っ張れません。自然と逆方向の打球を意識し、守備隊形もそれに対応したものが必要になるわけですが、それまでの日本ハムは、誰が投げても、どんなバッターでも全部、同じところを守っていました。

まずは3人に、かなり前に守らせました。3人とも足が速いので、後ろの打球は見てから追い掛けても処理できるはずです。それよりは投手が打ち取った前の打球をしっかりアウトにしてほしいという考えです。新庄に「後ろの打球をそらしたらカッコ悪い」と言われたこともありましたが、「お前の足と判断力があれば大丈夫」と答えました。

前後、左右ともですが、最初は極端な守備位置を指示すると、そのときは動いても、しばらくすると元の位置に戻ったりしていましたが、実際にそこに打球が行くことで僕を信じてくれるようになりました。一か八かのギャンブルみたいな指示もなかったわけではありませんが、幸い予想どおり飛んでくれることが多かった。運もあったのでしょう。

ライトの稲葉に右中間のど真ん中に移動させたこともあります。ライト線が空いて不安になったようですが、こっちは「行くわけないから大丈夫」と合図をして寄せたら、指示した場所にピンポイントで来た。あとで「なんでここに打球が来ると思ったんですか」と聞かれ、「そこに来るからだよ」と答えました。本当は、いろいろと根拠もあったのですが、全部説明すると混乱するし、ある程度、「ああ、平野コーチはすごいんだ」と感じてもらったほうが、あとあと楽ですからね。

彼らもだんだん、外野守備が面白くなってきたようです。外野守備は「面白い」と思うと景色が変わり、考えれば考えるほど面白くなります。僕に言われなくても自分たちの判断で動くようになりました。

独自の判断で動いたときのミスもありましたが、試合後、「なんであんな守備をしたんだ」とは絶対に言いませんでした。そう言われると、次、動けなくなります。

僕は、いつも彼らにこう言っていました。

「たまたま行った打球は関係ない。10個のうち1個の失敗より、10個のうち9個の成功を考えよう。守備は確率だから、どっちつかずじゃなく、攻めよう！」

守備オタクの僕にとって、彼らにうらやましさもありました。現役時代、僕も札幌ドームでやってみたかった。外野手は広い球場でこそいろいろな工夫ができ、結果的には守備のレベルを高めることもできます。

今は逆です。エスコンフィールドは狭くなったし、ＰａｙＰａｙドーム、ＺＯＺＯマリンにはラッキーゾーンみたいなエリアに席ができました。外野守備だけでなく、狭い球場はバッティングのレベルも下げるような気がします。僕は投手が打ち取った、こすった当たりがホームランになる乱打戦はあまり見たくありません。広い球場で、いかにスタンドまで飛ばすかで、バッターの技術も磨かれると思います。

そうそう、新庄は非常に楽しい男でした。着ぐるみやバイクに乗っての入場など、いろいろなパフォーマンスをしていましたが、よく思いつくなと、いつも感心し、僕も一ファンとして楽しんでいました。

札幌ドームの天井から降りてきたこともありましたよね。あのときは、さすがの新庄も顔が引きつっていましたが、あとで聞いたら、「降りるときよりも、そこに行くまでの道がめちゃくちゃ怖かった。下がよく見えるんですよ」と言っていました。

ガッツ、ヘッドスライディングは禁止だよ!

それまでの日本ハムはおとなしいコーチが多かったようですが、僕は厳しく言うときもあったし、ベンチで怒って、あちこち蹴っ飛ばしていたこともあります。

断っておきますが、選手に手を出したことはありません。理不尽な怒り方をしたこともありません……と思います。当たり前のことを当たり前にさせよう、ミスをしたのにヘラヘラするのはやめさせよう、と思ってやっていただけです。

野球は楽しいだけでは勝てません。プロ野球の世界は、勝ってこそ楽しいのです。

日本ハムの1年目で、それを選手に伝え、選手も少しずつ分かってくれたと思います。

ピッチャーはダルビッシュがエース格に成長してきた時期で、よそから来たコーチが珍しかったのか、よく話し掛けてきました。なんのときか忘れましたが、ダルビッシュが「僕は走らず、ウエート・トレで体をつくります」と言ったので、「いやいや、日本もメジャーも本当のエースはよう走ってるぜ」と言ったことがあります。僕の言葉がきっかけかどうか分かりませんが、そのあと、武田久と2人で、いつも外野を走るようになりました。

打線の中心は、ガッツこと小笠原道大です。打撃に関しては、何かを言えるような選手ではありません。素晴らしいの一言です。ただ、一つ走塁コーチとして口を酸っぱくして言わせてもらったのが「一塁にヘッドスライディングをするな！」です。

つい気持ちで行っちゃうのでしょうね。実際、それで球場は盛り上がるし、セーフになれば、チームの士気も高まります。でも、何より危ない。指や手首といった関節の弱い部分や、首を痛める可能性もあります。一歩間違えたら選手生命の危機です。

あえてメリットを探せば、相手がボールをそらしたとき、パッと立ち上がりやすいので、二塁に行きやすいことくらいでしょう。でも、そんなことは問題外なくらい高いケガのリスクがあります。「やるな！」と言うだけじゃなく、罰金を取ったこともあります。

ホームもそうです。ヘッドスライディングを闘志の表れみたいに思う選手が多いのですが、当時は、コリジョンルールがなかったから、キャッチャーとの衝突で何が起こるか分かりません。しかも、打席の土はデコボコしているので、簡単に突き指をします。これは小笠原だけじゃなく、「ホームは足で行け！」と何度も言いました。

有言実行、3人まとめてゴールデン・グラブ賞！

試合では一塁コーチをしていました。ロッテのコーチ時代でも触れましたが、もう少し書いてみましょう。

一般の方は、もしかしたら大した仕事をしていないように見ているかもしれないですね。テレビの映像では、一塁の打者走者の防具を受け取っているシーンや、完全にアウトなのにセーフのジェスチャーをしているところばかり映されるので仕方ありません。

でも、意外とやることは多い。打者走者はどうしても打球を追って走るので、一塁コーチが、前の走者や外野手を見ながら二塁に進ませるかどうか判断しなければいけません。あとは盗塁です。投手の癖を見抜き、走者に教えるのも仕事です。情報のない新しい投手だと、走者にリードを大きく取らせ、あえて、けん制をもらわせたりしました。

僕から盗塁のサインを出すこともありました。ベンチに僕がサインを出し、ベンチがOKなら三塁コーチからサインが出るという流れです。

前年の日本ハムは5位で打率がリーグワーストながら送りバントをほとんどしないチームでしたが、僕は自分の判断でバントの練習をしっかりさせ、通訳を通し、ヒルマンにバントの必要性を説明しました。最初は嫌がったのですが、一つのアウトを相手にあげるにせよ、スコアリングポジションに走者を進めることで相手に大きなプレッシャーを与えられることが分かって、使うようになりました。

犠打を積極的にさせたことで、ヒルマンが日本ハムの野球を『スモール・ベースボール』と言い、マスコミも「今年の日本ハムはスモール・ベースボール」と報じるようになりました。ただ、ヒルマンがどういう意味で使ったか分かりませんが、僕は「スモールじゃないだろ」と思っていました。

ホームランが出にくい札幌ドームを本拠地にし、投手陣がいいチームでもありました。ならば、勝っていくために、守備を鍛え、攻撃では、必要ならバントをする、つなぎの打撃をする、足でかき回すという、当たり前の野球です。別に意味のないバントやスチールをしていたわけではありません。しかも、(フェルナンド・)セギノール、小笠原はガンガン打っていて、ホームラン135本はリーグ最多ですからね。

それで1年目から優勝です。これはやっぱりうれしかった。前年と違ったのは、3人のコーチですからね。佐藤さん、淡口さん、そして僕。日本ハムは外様の3人のコーチによって優勝したと言ってくれる人もいました。

あのころ札幌ドームの外野席に、僕のレプリカのユニフォームを着ているファンの方がいました。「選手でもないのになんで」と冷やかされたこともありましたが、「見ている人は、しっかり見ているんだ！」と答えておきました。

この年のパ・リーグのゴールデン・グラブ賞は当然、知っていますよね。僕が「3人に獲らせる」と言った新庄、稲葉、稀哲です。

どうですか、有言実行のいいコーチでしょう。

感激のリーグ優勝決定シーンは実は見てなかった？

優勝とは書きましたが、当時のルールで、レギュラーシーズンの1位は『優勝』ではなく、『勝率1位通過』でした。プレーオフに進み、そこで勝って、やっと本当の優勝です（2004年から2006年まで）。

相手は3位の福岡ソフトバンクホークスが2位の西武ライオンズを破って進出して

きましたが、そこでソフトバンクに勝って、本当の優勝を決めたシーンは鮮明に覚えています。1位通過は、うれしさより、ホッとした気持ちのほうが強かったのですが、あの試合は、あまりに劇的でした。

札幌ドームが舞台で、第1戦は3対1で先勝し、勝てば優勝の第2戦は0対0のまま進み、9回裏になりました。こっちは八木智哉、ホークスは先発の斉藤和巳が、お互い気合の入ったいいピッチングをし、一人で投げ続けていました。

最初、稀哲が四球で出て、田中賢介が送りバント。そのあと、小笠原が歩かされてセギノールが三振で、二死一、二塁です。僕は一塁コーチだったので、一走のガッツに「リードを大きく取っていいから、絶対セカンドでアウトにならんでくれよ」とだけ言いました。この場面で、投手はぎりぎりのけん制はしませんからね。

次の打者が稲葉です。当たりは二遊間のゴロでしたが、コースがよく、外野に抜けそうだった。それをホークスのセカンドの仲澤忠厚が飛びついて捕って、そのままショートの川﨑宗則へトス。少しそれ、川﨑は外野側を向き、倒れながら捕りました。

タイミングは微妙でしたが、ガッツの足のほうが早かったとジャッジはセーフ。そのとき一瞬、川﨑が審判を見て不服そうな顔をしたと思ったら、すぐ体を回してホームへ投げましたが、二走の稀哲が三塁を回って一気にホームを駆け抜けていました。

2アウトだったので、迷いなく思い切って回れたのでしょう。

あのとき僕は稀哲を見てなかった。それは三塁コーチの仕事です。ガッツだけを見て、「ああ、セーフになってよかったな」と思っている間に、サヨナラで勝っていました。

そこから日本ハムはお祭り騒ぎです。斉藤がマウンドでヒザをつき、ほかにも何人ものホークスの選手が崩れ落ちたままだったシーンはよく覚えています。

日本シリーズの相手は古巣の中日ドラゴンズだったのですが、開幕前、僕が前の年まで仕事をしていた名古屋のラジオ局に、「今年の日本シリーズの予想をしてもらえませんか」と言われました。「ええ?」でしょ、当事者のコーチなのに。半分笑いながらですが「今年は日本ハムが優勝しますよ」と言いました。

忖度はまったくなしです。両チームの選手の状態、勢いを見ても、負けるとは思わなかった。結果は予想どおり4勝1敗で日本一。最後は札幌ドームで決め、ヒルマンだけでなく、この年限りでの引退を表明していた新庄も胴上げされました。

稲葉篤紀の首位打者は僕のアドバイスから？

2007年は新庄が引退し、ガッツがFAで巨人に行きましたが、僕は、それほど戦力がダウンしたとは思っていませんでした。投手がよかったですからね。ダルビッシュが軸になり、先発もリリーフも頭数はいました。もともと守りのチームだったので、大きく崩れないだろうと思っていました。

打線では稲葉が首位打者になった年です。どちらかと言えば引っ張り一辺倒のバッターだったのですが、一度、僕が「打率を上げるなら左中間に打たないとな」と言ったことがあります（左打者）。それからあいつは……いや、自慢話をするつもりはないし、たまたまだと思いますが、逆方向のヒットが増え、打率も上がっていきました。稲葉がよくやっていたのが、バント練習のマシンで左中間方向に角度をつけて転がす練習です。ポンと芯に当てるだけ。見ていたら、それでだんだんタイミングがよくなり、レフト方向にホームランを打ち始めるようになりました。

田中賢介にバントをみっちり教えたのも覚えています。僕がどうこうではなく、向こうが僕のバントの考え方を面白いと思って食いついてきました。すでに実績のあるプロの選手に、いまさら「こっちを向いて聞け！」と力づくでやってもうまくいきませんしね。

僕のバントの考え方は、構え自体は動かさず、高低はヒザで調整し、ボールの勢いを殺すのもバットを引くのではなく、後ろの足を引いて、体全体を後ろに下げるというものです。そのほうがバットを操作するより、軌道が変わりにくく確実です。

賢介にそれを言ったら「面白いですね」と言ってきて、僕は外野守備走塁コーチではありましたが、それからは試合の前、バントの練習を賢介と一緒にやっていました。この年、賢介は僕の犠打記録を抜きましたが、別にこだわりの記録でもありませんし、「へえ、そう」だけでした（田中は平野氏の持つパ・リーグのシーズン犠打最多記録50を抜き、58をマークした）。

不振の中でも言い続けた「必ず優勝できる」

2007年は前年に続きリーグ優勝しましたが、戦い方には明らかな違いがありました。

一番違うのが盗塁と犠打です。2006年はチーム全体で69盗塁だったのが、2007年は112盗塁になっています。特に一、二番です。一番の稀哲が31、賢介が27盗塁で、2人で半分以上です。犠打も133から151に増えました。

ちなみにですが、ここに限らず、この本に出てくる数字は、すべて編集部で調べてもらったものです。僕は平野家の運動神経担当ですから、そこまで記憶力はよくありません。

もちろん、2006年同様、無駄な盗塁を仕掛けたわけでも、走者が出たら必ずバントをさせたわけでもありません。小笠原、新庄が抜けたあと、いかに現在の戦力で勝つかを考えた結果です。前年同様、今いる選手たちの力を見て、それぞれの特徴を生かして勝つにはどうしたらいいかを追求してやっていただけです。

ただ、あの年、チームは序盤、なかなか勝ち切れなかった。人間、どうしたって成功体験が残ります。前の年は勝っていた展開のゲームが、紙一重で負けてしまったりすると、なぜ勝てないかで疑心暗鬼になり、「やっぱりガッツが抜けたから、今年は難しいのかな」みたいになっていました。

僕から見たら違います。単に調子が上がらず、かみ合わせが悪いだけでした。もっと言えば、もともと、そんな圧倒的な力があって優勝したわけではありません。負けたら、なんでこうなったのかを考え、「じゃあ、どうすれば勝てるのか」とならなければいけないのに、「何かおかしい」「こんなはずはない」で止まっていました。

そのうち首位とのゲーム差が開き、「今年は無理だな」という雰囲気に早々になってきましたが、僕一人が「大丈夫、普通にやっていたら優勝できるよ」と言い続けていました。ほかのみんなはびっくりしていましたけどね。

一つは経験です。中日、西武、ついでに優勝争いはしていませんが、ロッテでもチームのいいとき悪いときを見ていたので、「こんなときもある」と分かっていました。あとは、こういうときこそ、カラ元気じゃありませんが、前を向かなければいけません。負けが惰性になるのが一番悪い。淡々と試合をこなすだけになると、どうしてもズルズル行きます。

実際、見ていたら、負け方は悪くなかった。投手がボコボコに打たれたり、ミスが多くてというわけではありませんでした。繰り返しますが、単に、かみ合わせがうまくいってないだけ。流れが変われば必ず勝てるようになるだろうと思っていたし、そう選手たちが考えるように声を掛けていました。

反省しなきゃいけないのに、なぜか感動のお別れ会に

2007年の日本シリーズは、また中日との顔合わせになりました。前年同様、名

古屋のラジオ局に日本シリーズの予想を聞かれたのですが、今度は「ドラゴンズが有利かもしれないですね」とまったく逆の答えをし、向こうがびっくりしていました。中日は2位通過から上がってきたし、盤石ではありませんでしたが、そんなの関係ないくらい、日本ハムの雰囲気がよくなかったからです。

実は、ヒルマンがシーズン途中、メジャーから監督の声が掛かった。それはそれでめでたいことなのですが、日本シリーズ前の練習中に、アメリカに面接で帰っちゃったんですよ。正直、あれでチームはしらけてしまいました。

まあ、例えそうであっても、あのタイミングで取材されたら「日本ハムが勝ちます！」と言えばいいのでしょうが、ご存じのとおり、困った性格なもので。

あのときは、ヒルマンの「日本の最後をいい思い出で」みたいな、ふわふわした気持ちが伝染しちゃって、選手に「絶対に勝つんだ」という執念がなかった。

案の定、1勝3敗と追い詰められてしまいましたが、第5戦は、なんとなく勝てるかなと思っていました。先発が、こちらはダルビッシュ、向こうが山井大介です。王手を掛けられたプレッシャーはありましたが、山井はあの年、あまり投げてなかったので、「ほかにいないのかな。大変だな」と敵ながら思っていました。大きなカーブとスライダーをうまく使う、いいピッチャーですが、うちの打線なら攻略できると思っていました。

ただ、2回に平田良介に犠牲フライを打たれ、先制の1点を取られたとき、「なんかまずいな」と思いました。嫌な、1点だと。そのあとは0対1のまま、なんとなくイニングが流れていき、なかなか悪い雰囲気を変えることができません。

気がついたら7回くらいになっていて、まだ得点どころか、ヒットも四球もない。「あれ、これは本当にやばいぞ」と、さらに硬くなってしまいました。僕は完全試合というのは、現役時代も経験がありませんが、催眠術にかかったような雰囲気でした。ベンチが何か仕掛けなければ流れは変わらないのですが、塁に出ないから策も打てない。あとはダルビッシュが踏ん張って1失点に抑えていたこともあります。相撲で言えば、がっぷり四つで、試合が動かなくなっていた。ダルビッシュが2、3点取られたら、勝ったか負けたかは別にして、完全試合はなかったでしょう。

山井と岩瀬仁紀の完全試合リレーでしたが（山井が8回を完全試合ペースながら岩瀬と交代になった）、代わったときは、ほんと驚いた。のちにドラゴンズのコーチになったとき山井に「あれはなんで？　びっくりしたぜ」と聞いたら、「僕もびっくりしました」と笑っていました。

試合のあとが、また妙な雰囲気です。ベンチ裏に戻り、ほかのコーチと「悔しいな」

という話をしていたのですが、ヒルマンが選手、関係者一人ひとりとハグして、「ありがとう」と声を掛け始めた。

彼にしたら、最後は負けたけど、2年間、パ・リーグで優勝して、目標であるメジャーの監督を実現できたという充実感があったのでしょう。

もう、完全にお別れ会です。日本シリーズの反省もないし、ご苦労さん会ですらない。ただ、ヒルマンとサヨナラして、「メジャーでも頑張って」「君らも頑張って」だけです。

残った選手は翌年があります。この悔しさを晴らすために何をすればいいかを刻んでおくべき時間だったと思います。お別れ会は日をあらためてすればいいですしね。

残留も、まさかの打撃コーチに

優勝、ましてや連覇は簡単にできることではありません。普通であれば首脳陣は変えませんが、このときはヒルマンがメジャーの監督になるために退任し、GMの高田さんがヤクルトの監督になった。要はフロントと現場のトップがダブルで変わっちゃったわけです。

新監督は2004年まで大阪近鉄バファローズの監督をしていた梨田昌孝さんでした。実績のある方ですし、OBでもない。また違った風を吹き込ませるのはチームにとっていいことだと思いました。ただ、やはり監督が代われば、コーチも監督が信頼する人を置きたくなります。前も書いたように、外様コーチの佐藤さん、淡口さんと僕が、隠れた連覇の功労者と勝手に思っていましたが、要は高田さんに〝腕を買われた〟3人です。西部劇で言えば、用心棒のようなものですよね。

だから高田さんの退任とともにクビを切られるのかなと思っていましたが、佐藤さん、淡口さんは辞められたけれど、なぜか僕だけは残った。「一番、文句を言わなそうなヤツだけ残した」みたいな陰口を言っている人もいたと聞きましたが、それはどうなんでしょう。実は、一番文句を言うタイプなんですけどね。

そこは実績を評価してくれたんだろうと前向きに考えたのですが、なぜか外野守備走塁コーチじゃなく、打撃コーチでした。

バッティングを教えることに自信がなかったわけではありません。住金鹿島のコーチ時代もそうですが、ロッテ、日本ハムでもちょこちょこやっていました。スイッチだから右も左も経験がありますし、苦労して工夫しながらやっていた分、悩んでいる選手にどういうアドバイスをすればいいかも分かるつもりでした。

「守備の選手だったのに、打撃コーチなんてできるのか」とも言われましたが、これは「バカにするな」です。通算1500安打以上で（1551安打）、3割打った経験も1年あります。よそのチームのコーチと見比べても負けてないと思います。

ただ、問題はこちらの気持ちです。この2年間で5人の外野手にゴールデン・グラブ賞を獲らせた（2006年、新庄、稲葉、森本、2007年、稲葉と森本）。そんなコーチを変えますか。納得できず、「だったら、二軍のコーチにしてください」と言ったのですが、ダメでした。

バッティングにこんなにたくさんのデータは必要ない

実際に打撃コーチをやって、バッティングの指導で困ったことはありませんが、戸惑ったのはデータです。守備走塁コーチ時代もデータはありましたが、データは所詮データだと思っていました。スコアラーが出してくれたものは当然頭には入れますが、野球は生き物です。データに引っ張られ過ぎず、臨機応変にと思っていました。

でも、初めてということもありますが、打撃コーチはそうもいかなかった。かなり細かいデータが準備され、選手もそれを知りたがっていました。試合前のミーティングも膨大なデータを見ながら、「この投手はこういう傾向があるから、この球をこの方向に狙え」とか、細かくやっていました。

ただ、本音は違いました。投手はその日、その日でコンディションが違います。バッターだって個性もあるし、一人ひとり全部違います。もちろん、データは大事だし、チームとしての投手攻略の方向性も必要ですが、そこまで決めつけてもと思っていました。データばかりにこだわるバッターは壁に当たりやすく、それを自力で克服するのが苦手なタイプになりがちです。西武も細かいデータはありましたが、そのデータを自分に必要なもの、必要じゃないものと取捨選択できる能力がないと、レギュラーにはなれないチームでもありました。

一番いいのは、自分自身がそうでしたが、個人的に「このピッチャーの何を狙ったらいいですか」とか聞いてきたときに、ポンとシンプルに教えることだと思います。相手も考えたうえでだと思いますし、迷って聞いてきた時点で受け入れる姿勢ができているから一方通行になりにくいですしね。

あとは、試合の間、ずっとベンチにいるのも嫌でした。ベースコーチに立ったほうが気持ちも引き締まるし、合っていたと思います。

もやもやした1年となりましたが、一つ助かったのは、一緒に打撃コーチをやった中島輝士がいいヤツだったことです。打撃コーチが複数のとき、選手サイドで一番嫌なのが、それぞれが違うことを言うことですが、そうはならなかった。なんでも聞いてきてくれましたし、話し合いをしっかりすることができました。

最後はやっぱり文句の多い話になっちゃいましたが、結局、打撃コーチは1年で終わって退団になりました。ただ、すごくそのあとにつながる、いい経験になったのは確かです。

いや、ウソじゃありません。ほんとに。

第7章

解説者、起亜タイガース、中日ドラゴンズ時代

曇り時々小雨

2009-2013

聞く耳がある選手とは必ず信頼関係をつくれる

札幌は快適な街ではありましたが、家がある東京の西荻窪に戻ったとき、正直、ホッとした記憶もあります。住みだして長くなったので、なじみの店や知り合いもたくさんいますからね。

2009、2010年は名古屋と北海道、要は古巣である中日ドラゴンズ戦、北海道日本ハムファイターズ戦を中心に解説の仕事をメインにやっていました。人前で話すのは得意というわけではありませんが、解説の仕事は嫌いじゃありません。というか、仕事に好き嫌いを言っちゃいけませんよね。一般のファンにプロ野球の楽しさ、奥深さを伝えることができる立場でもあります。分かりやすく、しかも視聴者の皆さんが「へえ」と思ってもらえるようにやらなければいけないと今も思ってやっています。

ただ、このときはまだ50代でしたし、解説者を2年もやっていると、少し体がそわそわしてきます。野球の虫が騒ぐ、というヤツですね。

そんなとき、韓国の起亜タイガースから「バッティングコーチとして手伝ってもらえないか」と声が掛かりました。

返事は「いいですよ」と、ほんと軽い感じで答えました。

なんで、外野守備走塁じゃなく、打撃コーチなのかなとは少し思いましたが、日本ハムで最後の1年、嫌々ながらもやっていましたし、まったく迷いも不安もなかった。野球はどこでも同じですしね。

起亜は光州という街が本拠地で、そこでチームが借りてくれたマンションで生活していました。韓国の選手はプライドが高く、頑固さもありましたが、こちらが真剣に向き合えば、賛同してくれる選手は必ずいます。

よかったのは、WBC（ワールド・ベースボール・クラシック。その時点では2006、2009年の2回開催）の影響もあるのでしょう。選手が日本の野球にすごく興味を持っていて、向こうからどんどん質問をしてくれたことです。

言葉は通訳を介してですが、日本ハムでも千葉ロッテマリーンズでもそうだったように、選手に聞く耳があるかどうかでまったく違います。こちらのアドバイスを素直に聞くことで成長して、それを見て、ほかの選手たちも興味を持って聞いてくる。それを繰り返しながら信頼関係をつくっていくという流れは、住友金属鹿島を教えていたときと同じでした。韓国の選手も一度信用すると、とことん信用してくれる感じもあって、どんどん打ち解けていきました。まあ、選手は、ですが……。

まったく言うことをきかなかった、もう一人の打撃コーチ

韓国時代だけではありませんが、ある意味、僕には『平野謙の打撃理論』というのがなかったのがよかったと思います。

そもそも僕はバッティングに正解はないと思っています。打率3割が一流です。7割失敗しても一流なんて世界はそうそうない。でも、こだわりがなかったからこそ、柔軟にできたかなと思います。いろいろ人のいいところを見て、これはと思ったら吸収したし、違っていても「ああ、そういう考え方もあるな」と思っていました。

打撃に限らず、指導はすべてそうです。一つのやり方じゃダメだと思います。選手には、それぞれの個性、特性があるから、それを生かしてやっていかなければいけません。体格、筋力、走力と全部、違うのですから、指導も全部違って当たり前です。一番ダメなのは「こうやれよ。しないとゲームに出さんぞ」と押し付けることです。

もちろん、選手が目指すものがおかしかったり、自身に合っていないこともあります。小さくて非力なのに、ホームランバッターになりたいと、ブンブン、バットを振り回したりすることはよくあります。

でも、僕はやってみればいいと思っています。絶対に自分自身で「ああ、これじゃ、うまくいかないな」と気づくときがあります。そこで、どうしようかと悩んで、こちらに近づいてきたときに掛ける言葉こそ相手の心に響きます。

起亜の打撃コーチは2人制だったのですが、一つだけ困ったのが、もう一人の打撃コーチです。同じことを言ってくれたらいいのですが、僕と違うことを言っていることが多かった。しかも、こちらを否定するような言い方です。2人しかいない打撃コーチ同士が反発して違うことを言っていたら、チームのマイナスだし、何より選手が迷惑です。

しかも、打撃コーチは僕だけがベンチ登録だったのですが、彼は試合前に堂々とベンチに来て、選手を集め、ミーティングをしていました。向こうに言わせると、「日本人は言葉ができないのに、ミーティングなんてできないだろう」。こっちも腹が立って「やりたきゃ勝手にやれよ」と思っていました。選手の手前、表立ってケンカはしていませんが、僕の通訳も一緒に怒っていました。

韓国の人は話し方が強く、日本人には突っかかってくるように聞こえます。通訳もそんな感じの話し方で、僕が「お前、ケンカ売っているのか」と言って、彼が「いえ、いえ」というやり取りをよくやっていて、最後はお決まりのジョークみたいになりました。

すったもんだありつつも、チームのバッティングが見違えるようによくなり、僕のことも評価してもらったのですが、球宴明けから選手が故障で抜け始め、どんどんチームの順位が落ちていきました。

結局、成績低迷で監督交代、僕もクビです。選手たちが僕の指導を受け入れてくれ、手応えをつかみかけていただけに、消化不良の気持ちがあったのは確かです。

たぶん、高木守道さんが決めてくれたドラゴンズ復帰話

電話がかかってきたのは、2011年秋、まだ韓国にいたときです。

マンションの部屋で帰国のための荷造りをしていたとき知らない番号からでした。それで、いきなり「来年からドラゴンズの外野守備走塁コーチをしてもらえませんか」と言われ、「ええっ!」です。

韓国に行ってから、まったくと言っていいほど日本球界の情報がなかったので、翌年から高木守道さんが監督に復帰すると聞いて、まず、びっくりしました。守道さん

は長く現場を離れていたし、もう70歳くらいだったと思います。「これからプロ野球の監督をするのか。あの年で大変だな」と思いました。

本人は何も言いませんでしたが、僕をコーチに推薦してくれたのは守道さんだったようで、これもちょっとびっくりです。寡黙な方で、あまり深い付き合いがあったわけではありません。特に西武ライオンズに移籍して以降は、お会いしたらあいさつをする程度です。監督になったら、たいてい自分が信頼している子飼いの人間をコーチに呼ぶものですが、守道さんに、そこまで信頼されてはいなかったような気がしていたからです。

話自体はありがたかったので、特に迷うことなく、受けました。名古屋は生まれ故郷で知り合いもたくさんいますし、ドラゴンズは最初に入った球団です。戻れたことは本当にうれしかった。当時56歳で、年齢的にも、たぶんドラゴンズにお世話になるのは最後だと思いました。選手時代は消化不良で迷惑も掛けたので、やるだけやって恩返しをしたいなと思っていました。

ただ、入ってみて驚きました。前年までが落合博満監督で、いろいろあって優勝しながらの退任になったようなのですが、その〝いろいろ〟がまだあちこちに残っていました。正直、あまり雰囲気がよくなかった。野球以外の部分で、嫌な話をたくさん聞きました。

出戻りではありますが、20年以上前に出ているので、「お帰り」があれば、「初めまして」もあった。歓迎ムードだけじゃなく、「このおっさん、なんで今ごろ帰ってきたんだ」という、ちょっと嫌な雰囲気もありました。

平田良介の守備をいかにして覚醒させたか

シーズンが始まってからですが、「もっと早く戻りたかったな」と感じたことが何度もあります。体力的にどうこうはないのですが、動体視力が落ちていて、ベンチで打球を見失うことがあったからです。これが嫌だった。僕はベンチでドンと座って偉そうに口で言うタイプではありません。練習では一緒に体を動かし、試合でも選手と同じように入っていきたいなと思ったので、少しやりにくさはありました。

ただ、こんな僕でも、あのチームでは決して〝ベテランコーチ〟じゃなかった。70歳の守道さんをはじめ、投手コーチの権藤博さん（当時73歳）、二軍では鈴木孝政さんが監督（当時57歳）、投手コーチが稲葉光雄さん（当時63歳）。一軍ベンチには一回り以上も上の人が2人もいたわけですから、これもびっくりです。

選手に関しては、1年前まで解説の仕事もしていたので、まったく知らないわけではありません。もちろん、細かい部分は分からなかったのですが、特に外野手は下調べをしていたので、選手と接しての戸惑いはありませんでした。

当時は、センターが大島洋平、レフトがベンちゃんこと和田一浩で確定していて、はっきり決まっていないのはライトでした。平田良介が有力ではあったのですが、守備が今ひとつで、ほかに堂上剛裕、藤井淳志と候補がいました。

時間を掛けても成長させたいと思ったのが平田です。若いし、バッティングがいいので、彼が定着することが一番チームにはいいだろうと思っていました。

彼は別に守備が下手というわけではないのですが、自分は得意じゃないという意識が強い選手でした。外野手には時々、「自分はバッティングの選手で、守備は得意じゃない」と決めつけているタイプがいますが、まさにそうでした。

確かにプロの外野手は打てなければ使ってもらえないことが多いですが、それだけだと、少し打てなかったり、あるいは外国人選手を獲ったときに簡単に代えられてしまいます。守備が安定しているのも、スタメンをつかむために大きな武器になります。

平田とは、そういうプロとしての考え方から話をしました。肩が弱いとも思っていたようですが、それも「いろいろなことでカバーできるから、やっていこうじゃないか」と言いました。そもそも彼は、肩が弱いというより、スローイングが下手だった。どうやって思い切り投げていいか分からず、ボールへの入り方、フットワークができていませんでした。春季キャンプでは大島とのコンビで、ショートスロー、クイックスローをみっちりやらせました。肩に自信がなくてもフットワークを使い、速いモーションで投げたら、ある程度カバーはできますからね。

やっていくうちにうまくなりましたし、守備を面白いと思ってくれたようです。副産物ではありませんが、練習でコンビを組んでいた大島も、つられるようにうまくなっていきました。大島の場合、もともとうまかったから、さらにうまくなったと言ってやっていいかな。

平田は、あの年、腰を痛め、途中で二軍落ちもあり、一人前になったのは翌年からです。

逆に聞きたいけど、ベンちゃんに何が言える？

レフトのベンちゃんは以前、テレビ番組で「平野さんは俺に何も教えてくれなかった」と言っていたらしいですが、それはそうです。僕が入ったときは、40歳になる年で、MVPや首位打者も獲っている大選手です。逆にベンちゃんに聞きたいくらいです。俺がああしろこうしろと言ったら素直に聞いた？　どうせ聞かないでしょ。

別にベンちゃんと仲が悪かったわけではありません。というか、当時のドラゴンズの外野手は、仲がよすぎると思ったくらい仲がよかった。食事会もよくあって、僕も誘ってもらったことがあります。

センターを守っていた大島は、足も速いし、守備はすでにかなりのレベルにありましたが、盗塁に関しては、彼自身の中で、そこまで重要視していなかったようです。入団3年目でしたが、前年まで8盗塁ずつです。

ドラゴンズ現役時代の僕がまさにそうだったのですが、人より速い足を持ちながら、それを武器にしていないのがすごくもったいなく感じました。走れば絶対にチームにもプラスになりますからね。だから、よく「なあ、盗塁王、獲ろうよ」と言って洗脳し、一塁ベース上でも「走れ、走れ」とあおっていました。効き目があったのかどうかは分かりませんが、あの年は盗塁王です（32盗塁）。

途中から一塁コーチに変わりましたが、ドラゴンズ時代の最初は三塁コーチをしていました。最初、守道さんに言われたとき、僕は「やったことない。無理ですよ」と断りました。ロッテで一時期やっていましたが、なんとなくガラじゃないなと思っていたからです。でも、守道さんに、「現役時代、あれだけ走ったからできるだろ」と言われたら、「はあ、分かりました」と言うしかありませんでした。

三塁コーチになって感じたのは、ドラゴンズの走塁への物足りなさです。一番は走者の判断力不足ですね。指示待ちというのでしょうか、あわよくば先の塁という意識が感じられず、最初から最後まで三塁コーチの僕を見ていました。そうなると、選手は走塁ミスをしてもコーチの責任みたいに思ってしまい、自分から工夫しようとはなりません。

逆に、これは守道さんではなく、落合監督時代の決め事かもしれませんが、コーチも「自分のミス」とは絶対に言わなかったらしい。あるとき僕が「あれは俺のミスでしょ」と言ったら、新聞記者がびっくりしていました。

まったく身に覚えのない二軍降格事件

1年目で一番覚えているのが、夏前の二軍降格です。ゲーム終わったあとのスタッフ会議の話が、次の日の新聞に載ったことがあって、それを見た守道さんがすごく怒った。なぜか僕が呼ばれ、「お前が新聞記者に言ったんやろ。ファームに行け!」と血相変えて怒鳴られました。

身に覚えはありません。そんなことを言うわけもありませんから、僕は「ファームに行くのはいいですよ。ただ、僕は内輪の話は漏らしていません。それだけは分かってください」とだけ言いました。

そのあと、実際ファームに行きましたが、すぐ「戻ってこい」と指令が出ました。誰かに言われたのでしょう。「平野じゃないですよ」って。

真犯人は守道さんしかいないと思います。いつものようにカッカして記者にしゃべって、しゃべったこと自体を忘れたのだと思います。

ただ、ファームに行け、と言われたとき、少しホッとしたのも事実です。正直、集中できないところがありました。一番嫌だったのは、ベンチの首脳陣がバラバラのところです。

当時、ベンチで何度も口から出掛かりました。

「なんのために担当コーチがいるんだ！」と。

監督ならまだしも、試合中、違うコーチが守備位置を指示するのだから信じられません。ほんと「何人監督がいるんだ」というチームでした。しかも、ベンチで大声を出してケンカしている し、試合中、寝ている人もいる。完全に無法地帯です。

それでも1年目の2012年は2位でしたが、翌2013年はいいところなく4位に終わり、もともと2年契約だった守道さんは辞任。僕も退任となりました。毎度ですが、やり残したことはたくさんありましたが、それがプロの世界だから仕方がありません。

守道さんへの批判も随分ありましたが、一つ思うのは1年目です。あのとき、クライマックスシリーズのファイナルステージで読売ジャイアンツ相手に王手を掛けましたが、そこから連敗し、日本シリーズを逃しました。あそこで日本シリーズに行っていれば、守道さんの評価も、ドラゴンズの歴史も変わったでしょう。

野球はすべて結果論ですからね。

第8章

解説者、群馬ダイヤモンドペガサス時代

2014-2022

◀◀

晴れ時々不健康

共感したダイヤモンドペガサスの方針

中日ドラゴンズを退団したあと、2015年から独立リーグ（BCリーグ）の群馬ダイヤモンドペガサスのコーチになりました。

きっかけは千葉ロッテマリーンズの二軍監督をしていたときにマネジャーをしていた男がペガサスにいて、「平野さん、今、指導者を探しているんですが、助けてもらえないでしょうか」と声を掛けてきたからです。

正直、独立リーグは、まったく知らない世界だし、不安がなかったわけではありません。ただ、それ以上に知らない世界だからこそ、興味深かった。

すごく手厚い球団で、契約の前にオーナーの糸井丈之会長が直接東京に出てきて話をしてくれましたが、考え方が僕と近かった。

「野球選手の前に一社会人であり、野球をやめたあと、社会に出たときにダイヤモンドペガサスにいた人間は、こんなしっかりしているんだと言ってもらえるようにしたい。礼儀もそうだし、ヒゲ、長髪、タバコとかは、すべてやめてもらおうと思っています」

と話していました。

聞いていて、いいなと思いました。別に僕は、そんな堅苦しく野球をしたいと思っていたわけではありませんが、実際、独立リーグからプロに行けるのは、ほんの一握りです。野球に対し夢中になることは大事ですが、その中で社会人として学べることはたくさんあると思います。ですから「僕でよければ」と受けることにしました。

当時、ペガサスは監督が川尻哲郎（元阪神タイガースほか）で、肩書きは忘れましたが、僕は彼が投手出身だったこともあり、野手全体を見ることになりました。

このチームは秦真司（元ヤクルトスワローズほか）、五十嵐章人（元ロッテほか）、川尻と、ずっとNPB出身者が監督をしていて、BCリーグでは何度も優勝していた強豪ですが、四国アイランドリーグの王者に勝てず、まだ日本一はありませんでした。

チームに入って最初に感じたのは、「みんなガツガツとプロを目指しているわけじゃないんだな」ということです。性格も野球レベルも目標も、いろいろな選手がいました。

高校まで野球をやっていて、プロに入りたいけど入れなかったとか、入りたかった大学、社会人から声が掛からなかったけど、それでも野球を続けたかったという選手がほとんどでしたが、なかにはアマチュア指導者になりたいからとか、教職までの思い出づくりという選手もいました。ほかにはNPB経験者で、クビになったがまだ野球を続けたい、トライアウトを受けるために準備をしたいという選手もいます。

ＮＰＢ経験者もいろいろです。ひたむきに野球に取り組んで、いい見本になってくれた選手がほとんどでしたが、変なプライドが見え隠れし、足を引っ張るとまでは言いませんが、嫌な空気にしちゃうヤツもいました。でも、それはこれまで見てきたＮＰＢ、社会人、韓国のどのチームも一緒です。さらなる上を目指す選手は貪欲にやるし、楽しくやりたいヤツは楽しくやっていたというだけです。

そうは言っても、みんな素直でした。僕が彼らの知らない練習方法や理論を話すと「へええ」となって、目の色が変わる子もたくさんいました。

ここで気づきましたが、僕はこれまで、どのチームの原稿でも選手たちについて「実は素直」的な表現をしています。どれもウソではありません。本当にそう思ったからです。僕はどんな人の中にも素直な心があり、それを引き出すのが野球の魅力であり、指導者の仕事かなとも思っています。

監督となって、まずは選手全員から話を聞く

1年目を終えて川尻が辞めることになり、糸井会長から「監督になってくれないか」と声を掛けていただきました。ありがたい話ですが、最初は少し迷いました。

1年目は、球団から新幹線の回数券をもらって、群馬と東京を往復しながらプロ野球の解説の仕事なども掛け持ちでやらせていただきましたが、監督となればそうもいきません。

糸井会長には、本当にお世話になっていましたので、少し考えたあと、「どこまでできるか分からないけど、やってみます」と返事をさせていただきました。

最初にやったのは、選手一人ひとりの話を聞くことです。個人の目標、例えばNPBの選手になりたいのか、アマチュアの指導者になりたいのか。NPBから来た選手でも、もう一度戻りたいのか、それとも、もう少し野球をやりたいだけなのかを確認しました。

あとはポジション、起用法の希望ですね。先発をしていた選手が実はリリーフをしたいと思っていたとか、いろいろなことを聞くことができました。すべてそのとおりにしたわけではありませんが、選手の性格、考え方を知ったことは大きなプラスにな

りました。

会長からは「日本一になってほしい」と言われていましたし、僕も、やるからには負けたくありません。そのために「守り勝つ野球をしたい」と思いました。

ペガサスは強いチームではあったのですが、かなり大味な戦いでした。打線はよく打ちますが、投手と守備がボロボロ。10点を取って勝つときも、8、9点は取られるという草野球っぽい試合が結構ありました。長打頼みの攻めはどうしても波があります。簡単にはいかないだろうと思いましたが、理想は僕がいた当時の西武ライオンズ時代です。しっかり投手力、守りを固めたうえで、攻撃では一番が出たら二番がしっかり送り、まずは先取点を取ってゲームの流れを有利に進め、エンドラン、盗塁を絡め畳み掛けていく野球を目指しました。

個々のバッティングは、コーチ兼任だった(フランシスコ・)カラバイヨにほぼほぼ任せました。彼は前年までオリックス・バファローズにいて、出戻りの形でしたが、独立リーグでは伝説的存在で、在籍年はすべてホームラン王、ほとんどの年で打点王も獲っています。日本語はペラペラで、独立リーグのこともよく知っていた。僕の話もよく聞いてくれましたし、グラウンド以外でも頼りになる男でした。

助かった超マジメなコーチ、高橋雅裕の存在

投手陣は、前期だけオトやん（松沼雅之。西武時代の同僚）に手伝ってもらいました。体調不良で前期だけで抜けましたが、基礎をつくってもらい感謝しています。それまで投手陣は役割分担がはっきり決まってなかったのですが、先発には横浜DeNAベイスターズにもいた伊藤拓郎、同じBCリーグの埼玉武蔵ヒートベアーズから来た柿田兼章を軸とし、リリーフに山崎悠生、堤雅貴を固定しました。

柿田は武蔵時代、大したピッチングはしていなかったのですが、地元が群馬ということもあってか、うちに来て力を発揮した選手です。タイプは違いますが、エースの伊藤と、いいライバルになって刺激し合っていたようです。

堤を抑えにしたことは僕の大ヒットだったと思います。2009年、高卒でペガサスに入り、いきなりMVPになった先発投手ですが、そのあとケガをして伸び悩み、先発では、なかなか結果が出なかった。このままで終わりたくないという思いがあったのでしょう。最初にやった話し合いの中で「思い切って抑えにチャレンジしたい」と言ってきて、僕もそれが適任じゃないかなと判断して起用し、しっかり結果を出してくれました。

堤につなぐセットアッパーが山崎です。明るい性格で、監督1年目、僕は群馬で使う車がなかったので、彼を運転手代わりというのか、球場の行き来だけじゃなく、飯のときにも乗せてもらっていました。

調子に乗って、いつの間にか「ケンちゃん」と呼びだしたのには驚きましたが、こっちも世話になっているから仕方ない。好きなように呼ばせていました。彼はよく自分から「投げさせてください」と売り込んできて、「2、3イニングになってもいいです」と言ってくれ、すごく助かりました。

内野守備は、僕と違って超マジメなコーチ、高橋雅裕が鍛えてくれました。彼の野球に取り組む姿勢は素晴らしい。データもしっかり準備していて、僕みたいに試合に行って相手チームを見て、「あの選手、誰?」みたいなことはない。いつも準備万端です。課題が出たら居残りで特守をさせる厳しさもありました。僕みたいなチャランポランがチームに2人いたら大変だったからよかったです。

ただ、2016年に関しては、やっぱりエラーが多かった。グラウンドの問題もあったのですが、内野はファーストを除けば、全部20以上のエラーがあったと思います。

外食ばかりで太って血液もドロドロに？

独立リーグの選手は生活が大変です。プロではありますが、給料が出るのが9月までの7カ月で、あとの5カ月はアルバイトをして生活しなきゃいけない。地元の方がよくしてくれましたが、プロみたいに野球に没頭し切れる環境ではありませんでした。気の毒だなと思っていましたが、逆に言えば、ここはNPBに行く選手を育てる場でもあるので、そのくらいハングリーなほうがいいのかもしれないですね。

僕自身はアパートを借りてもらって、食事、洗濯と全部自分でやっていました。と言っても食事は、ほぼほぼ外食や弁当で、一時期、かなり太ってしまいました。どうしても栄養の偏りが出ますしね。

これは高校野球の監督と同じだと思います。太ったヤツらが多いなと思っていましたが、自分がペガサスの監督になって「これか」と思いました。彼らはさすがに外食や弁当じゃないでしょうが、ストレスがたまるし、1日中、外で立っているから疲れる。実際はノックをするくらいで、運動量は微々たるものですが、「食べなきゃやっていられない」状態になっているはずです。

ペガサスを辞めてからですが、医者に「血液がドロドロになっています。このままでは死んじゃいますよ」と脅され、食事量を落とし、走ったり、ウォーキングしたりで1回、本気で落としました。

おっと話が脱線していました。

彼らの大変さを知っているので、どうしても情が移ります。遠くから来ている選手には、「親御さん、恩師の方が試合に見に来ているときは教えてくれ」と言っていました。勝負を度外視はしませんが、せっかくですし、できるだけグラウンドでの元気な姿を見せてやりたかった。給料も安いのに、アパート借りて、移動のための車を買ってと、経済的に大変な子がたくさんいましたし、親御さんがいろいろ協力してくれていたのも知っていました。たまに見に来て、ずっとベンチは寂しいですしね。

投手交代の判断に迷い、相手に王手を許す

BCリーグは前後期制ですが、2016年は東地区で前期後期とも優勝し、西地区で優勝した石川ミリオンスターズにリーグチャンピオンシップで勝って年間優勝となりました。

グランドチャンピオンシップの相手は四国リーグで優勝した愛媛マンダリンパイレ

ーツです。自信がなかったわけではありません。あの年は、すごく投打のバランスがいいチームでした。

ただ、敵地・愛媛での初戦は柿田が好投し、1点を先制しながら7回に2点を取られ、逆転負け。さらにショックだったのは2戦目です。先発した伊藤が素晴らしいピッチングをしていたので、うちの勝ちパターンである山崎、堤の継投に入るタイミングを迷ってしまいました。実際、9回まで3対0だったので、「完封させてやりたいな」と思って9回裏も投げさせることにしました。

それが……。その裏、1点を取られ、エラーや四球で二死一、二塁になってから慌てて堤を出しましたが、堤もテンパってしまった。ベンチを飛び出すとき、こけそうになるし、マウンドでは顔面蒼白。こりゃ、やばいなと思ったら、ヒットを打たれたあと、暴投（記録は捕逸）です。

ここでセンターに前進守備をさせたのですが、裏目に出て普通のセンターフライを捕れず、サヨナラ負け。試合後、ロッカールームはひどい雰囲気でした。物を投げたり蹴飛ばすヤツがいたり、カラバイヨが何語か分からないけど叫んでいたり、もう、ぐちゃぐちゃ。僕も失敗したという思いがあるから何も言えませんでした。

グランドチャンピオンシップは3戦先勝なので、王手を掛けられて群馬に帰ったわけですが、次の第3戦まで1週間くらい空いたのがよかった。少し冷静になりましたからね。1日空けたくらいでやっていたら、間違いなく負けていたと思います。

いつも言っていた「きつい応援よろしく！」

3戦目、愛媛が2戦目に投げた正田樹（元北海道日本ハムファイターズほか）を先発に使ったことで、「これは勝てるかもしれない」と思いました。もう王手を掛けているから、地元群馬の桐生第一高出身の正田を使って、あわよくば胴上げ投手に……くらいだったはずです。完全に油断ですよね。こっちは2戦目でやって「打てる」と思っていた投手です。

実際、打ちまくってボロ勝ちです。次の試合は伊藤が先発し、また完封ペースのいいピッチングをしたのですが、同じことをするわけにはいかない。本人もそう思っていたのでしょう。ベンチで「どうする？」と聞いたら「代えてください」と即答でした。山崎、堤といつものペガサスの野球で勝ちました。

次の試合も勝って日本一です。試合後のインタビューで、「来年も、きつい応援よろしく」とスタンドにあいさつしたのを覚えています。

独立リーグのお客さんは、マニアックというのか、すごく詳しい。選手が独立に入る前から知っているファンが多いので、スタンドから「××、ペガサスに入って、××がよくなったな」とか「高校のほうがよかったぞ」とか声が飛びます。僕も試合が終わったあとのあいさつで、「いいことはいい、悪いことは悪い。きつい言葉で構わないんで、叱咤激励お願いします」みたいなことを必ず言っていました。

負けたら強烈にヤジられましたが、ペガサスはファンとの距離がすごく近かった。ホームの試合のあとは、インタビューをやってくれる『ＡＫＡＧＩＤＡＮ』というご当地アイドルがいて、「どうでしたか」と聞かれ、「ああ、疲れました」といつも言っていたら、いつの間にか、僕が言う前にファンの人が「疲れました」と言い始めた。なんだか恥ずかしくなって、その言葉を言えなくなっちゃいました。

この年は、テレビの密着取材もありました。プロを目指す男たちみたいなテーマの番組で、堤がメインです。彼は本当に頑張っていました。練習も早くから来て、最後までやっていた。プロを目指すなら最後の1年と思っていたようです。

実際、その年に優勝、日本一になり、プロから調査書も来ました。結局、ドラフトでは指名されず、「残念でした」になりましたが、「よかったです。平野さんに感謝しています」と言ってくれ、こっちもジーンと来ました。

堤はこの年限りで引退。彼が2016年に挙げた21セーブは今もBCリーグの最多記録として残っているはずです。これも独立リーグですよね。NPBじゃ、歴代最高記録をつくった26歳の選手が、ケガもないのに引退はしないでしょ。

最後の勝負と決めた年に最高の結果を出すなんてすごい男です。あの年は、堤がいたから優勝できたと思います。

いや、堤も、かな。みんな本当に頑張ってくれましたからね。

あいつの21セーブは、この年、セットアッパーをしていた左腕の山崎が、信濃グランセローズに移籍してから並んだはずです。

5年間続けたグラウンドの石拾い

チーム初の日本一をつかんだことで選手がすごく自信をつかんだし、何より勝つ喜びを分かってくれました。これが大きかったですね。喜びが分かれば、また勝ちたいと絶対に思うし、今まで以上に野球に集中します。

とはいえ、独立リーグは優勝しても選手は半分近く変わります。移籍があれば、やめてもらった選手、自分からやめる選手もいました。

経済的にもBCリーグの収入だけでやっていけるわけではないですし、次の人生のほうがずっと長い。「よくやったな、ご苦労さん」と笑顔で見送るときがほとんどでしたが、「かわいそうにな。もっとやりたかっただろう。何かもっとしてやれたことがあったんじゃないかな」と思って見送るときもありました。これはプロ野球も同じです。

続く2017年、僕としては2016年と同様に守り勝つ野球を目指したのですが、結果的には、やっぱり2016年と同じく打ち勝った試合が多かった。

ただ、エラーは減りました。これはコーチの高橋のおかげもあります。マジメに根気よくやってくれましたからね。

あの年のチームも強かった。前後期優勝をし、日本一連覇もできると思ったのですが、リーグチャンピオンシップで信濃に負けました。理由はカラバイヨがいなかったことです。その前に「奥さんの出産があるんで、帰国します」と突然言われ、「マジか、もう少しなんだから残ってくれよ」と思いましたが、国民性の違いもあるし、何も言えないですよね。

この悔しさもあり、2018年は日本一奪回となりましたが、続く2019年は前期だけの優勝で、その年が終わって退任となりました。

コーチ、監督時代を通して毎日やっていたのが、グラウンドの石拾いです。選手がアップをしているとき、バケツを持って石を拾いながらグラウンドを歩く。結構、でかい石がたくさんあります。途中からは、毎日のルーティンみたいになっていました。

きっかけは、あまりにエラーが多かったからです。きれいなグラウンドならイレギュラーもないから危なくないし、いい守備ができる可能性が高くなると思いました。

僕の姿を選手がどう思って見ていたかは知らないし、「一緒に石を拾おうぜ」とも言いませんでしたが、いつの間にか選手も拾うようになってきました。

ゲーム中のグラウンド整備のときは、選手と一緒にトンボを掛けました。もちろん、整備の人はいましたが、みんなでやったほうが早いし、きれいになる。こっちのホームゲームでも相手チームが手伝ってくれることもありました。

いいことばかりじゃありませんでした。いきなりインフルエンザになったり、部屋で熱中症になってぶっ倒れたり、血圧が上がって医者に「このままなら死にますよ」と言われたこともありました。バスの移動は大変だったし、言うことを聞かない選手によく怒ったし、しんどかったこともたくさんあります。

ただ、その何倍もの、たくさんのご褒美をもらいました。どのくらい胴上げしてもらったら分からないくらいですしね。

楽しい、幸せな5年間でした。すごくいい経験をさせてもらったと思います。お世話になった、すべての方に感謝です。

終わりに

誰一人欠けても今の平野謙はいない

僕の人生は、山や谷が本当にたくさんありました。ただ、僕が幸せだったのは、その都度、たくさんの方に助けていただいたことです。それがあったから、でこぼこした道ではありましたが、大きな脱線も転倒もせず、無事に歩いてこられたと思います。

僕はこういう性格なので、「助けてください」と自分からは言わないというか、言えないのですが、不思議なことに、気がつくと、いつも誰かが助けてくれました。

子どものころで言えば、金物店を手伝ってくれたおばあちゃん、鈴木正先生をはじめ、学校の先生たち。人見知りで、決めることができない頼りない僕を支えていただいた皆さんには感謝しかありません。

プロに入ってからは一人で頑張ったような顔をしていたかもしれませんが、実際には、すべての監督、コーチ、チームメート、裏方さん、応援してくれる皆さん、誰一人欠けても、今の平野謙はなかったと思います。

プロの監督、コーチにはいろいろな人がいました。家族や学校の先生ではありませんので、手取り足取り優しくというわけではありません。理不尽なことを言われ、「おかしくないか、それ」「この野郎」と反発することもたくさんありましたが、あとで振り返ると、全部、自分の糧になっています。

中日ドラゴンズ時代の監督で言えば、クビ寸前の僕を拾ってくれた恩人である近藤貞雄さんもいますし、「合わないな」と思って反発し、最後はドラゴンズを追い出されましたが、星野仙一さんからは怒られながらプロの厳しさを教えてもらいました。

これは皮肉でもなんでもなく、仙さんに西武ライオンズに出してもらったことも感謝しています。中日にいたらとても40歳過ぎまではやっていけなかったでしょう。ぬるま湯にどっぷりでしたし、いろいろなことを誰かのせいにしながら不完全燃焼で終わっていた気がします。西武という最強のチームで体を鍛え直し、技術を磨き直して、何度も優勝を経験できたことは、引退後の野球人生にも大きなプラスになっています。

一人ひとり名前を挙げていくときりがないので、失礼ながら、まとめてしまいますが、本当に感謝しています。ありがとうございました。

両親から孫へ。家族はつながっていく

あらためてになりますが、最後は、家族への感謝で締めさせてください。

僕にとって、最初の感謝は母親です。生まれてくるとき、おふくろの体が弱かったこともあって、医者からは、子どもが無事に生まれてこられるか分からないし、母体も危ないと言われ、出産そのものを止められたそうです。それでもおふくろは「私の体はどうなってもいいから産みます」と言ってくれたと聞いています。ある意味、僕の命そのものが、感謝から始まったわけです。

金物店をやっていた父親は、僕が6歳のとき、病気で亡くなりました。6歳と言えば、いろいろ覚えているだろうと言われるのですが、ほとんど覚えてない。どんな人で、どんな声だったとか、ほとんど記憶にありませんが、一緒に写っている写真があるので、最近はスマホにも取り込んで、時々、眺めることもあります。今の自分からしたら息子みたいな年齢ですが、なんだか懐かしい気がします。

オヤジが亡くなったあとは、おふくろが女手ひとつで金物店をやりながら育ててくれましたが、そのおふくろも、僕が11歳のときにガンで亡くなりました。6年間、男手がなく、店と子育ては大変だったと思います。子ども心にずっと感謝していました

し、亡くなったときは、本当に悲しかった。長生きしてくれたら、いろいろ親孝行できたのにというのは、今も思います。

両親がいなくなったあと、親代わりになってくれたのが姉です。高校生だったのですが、休学してお店をやり繰りし、そのあと学校に戻って、働きながら高校も卒業しています。

姉には今でも頭が上がらない。言葉だけじゃ感謝しきれません。まあ、そう言いながら、不義理や迷惑も掛けていますけどね。

そして妻と子どもたち。

実は、結婚前、僕は自分が結婚できるとは思えなかった。というか、想像できなかった。オヤジが早く亡くなったので、自分がオヤジにどういうふうにかわいがってもらったか、オヤジがどんなふうにおふくろに接していたか覚えていません。だから嫁さんになった人に自分がどう接すればいいのか、母親になった嫁さん、生まれてくる子どもたちにどう接すればいいいか、分からなかった。

いい年をした男が何を、と思うかもしれませんが、結婚を決めたあとも、最初は不安ばかりでした。でも、そういう不安って、一緒に暮らすことで消えていきます。一人暮らしのときは自分の中にため込んでいたことも、嫁さんと話すことで発散できたし、掛けてもらった言葉に助けてもらいました。

子育てについては運もよかったと思います。僕が西武へのトレードを通告された日に上の息子が生まれ、嫁さんの実家が、ちょうど西武の本拠地がある埼玉でした。同居させていただき、僕ら親子が一番大事な時期に、義理のお父さん、お母さんに助けていただきました。野球選手は遠征が多く家を空けてばかりだったので、嫁さんも心強かったと思います。

これは僕が直接、言われたわけじゃありませんが、2人が嫁さんに「平野君には両親がいないから、私たちが本当の両親だと思ってもらいなさい」と言ってくれたらしい。涙が出るくらいありがたかったです。

とは言え、いつまでもお世話になってはいられないので、しばらくしてから、マンションを買って所沢に引っ越しました。当時、西武沿線でライオンズの選手の大型ポスターが貼ってあったのですが、嫁さんが僕のポスターをもらってきて、玄関に貼っていた時期があります。僕がナイターで帰りが遅くなったりすると、上の息子が、そのポスターの前でずっと待っていたこともあります。そんな姿を見て、簡単には終われない、もっと頑張らなきゃと思いました。責任感というより、気持ちの張りです。

息子2人がいたから頑張れたというのは絶対にあります。

もちろん、ずっと〝かわいい子どもたち〟というわけにはいきません。息子たちは成長していくにつれ生意気になり、いつの間にか一人で大きくなったような顔をしだします。こっちからすれば、いくつになっても子どもは子どもですけどね。

家族は、つながっていくものだと思います。両親が僕と姉に命を与えてくれ、短い間だけど、一生懸命、育ててくれ、金物店も残してくれた。そのおかげで僕が育ち、結婚し、子どもができた。かわいい孫もできた。

オヤジとおふくろがいなければ僕も孫もいません。

今のプロ野球選手も、自分が今の場所に至るまでに、いろいろな人にお世話になっているのは忘れてほしくないと思います。感謝の気持ちを感じながらやってほしいと思います。

最後は少しカッコをつけた話になりましたが、実際のところ、僕自身は67歳になっても、まったく成長していません。すぐカッとなるし、「なんでや」と腐りそうになる。うまくいかないことは今でもたくさんあります。

ただ、平野謙があと何年生きていけるかは分かりませんが、野球から学んだ経験、知識はたくさんあります。野球が本当に楽しいものだということを知っています。

今は山岸ロジスターズの監督として、また解説や野球教室を通し、少しでも多くの方に野球の楽しさを伝えていけたらと思っています。

一つだけ確信を持って言えます。

長く生きているといいことがたくさんあります。

皆さん、人生を楽しんでください！

そして、山岸ロジスターズの応援よろしく！

孫の七五三で清美さんと著者

盗塁刺	犠打	犠飛	四球	死球	三振	併殺打	打率	チーム順位
6	7	0	2	2	16	0	.236	5
9	**51**	2	12	1	60	1	.288	1
11	27	2	25	7	65	2	.247	5
5	**36**	2	21	2	37	8	.291	2
8	28	4	31	1	57	10	.300	5
21	6	0	27	2	58	6	.270	5
6	11	0	16	0	42	5	.268	2
8	**41**	3	37	0	59	9	.303	※1
4	**36**	1	35	0	52	8	.268	3
8	**50**	2	34	1	72	2	.267	※1
5	**50**	3	40	0	59	5	.281	※1
7	**48**	3	24	1	65	9	.280	※1
2	29	2	20	1	44	3	.239	1
0	14	3	12	0	31	6	.227	5
2	8	1	12	0	30	7	.225	2
0	9	1	2	0	12	0	.298	5
102	451	29	350	18	759	81	.273	

引退後、現役時代に契約していたグラブメーカー『スラッガー』から
記念にもらったグラブ。現役時代と同じモデルだ

Kensan's RESULTS

平野謙年度別打撃成績

	所属球団	試合	打席	打数	得点	安打	二塁打	三塁打	本塁打	打点	盗塁
1981	中　日	110	121	110	28	26	2	2	0	4	8
1982	中　日	125	514	448	58	129	13	5	4	33	20
1983	中　日	127	495	434	63	107	26	0	7	30	14
1984	中　日	108	442	381	54	111	11	1	3	31	30
1985	中　日	**130**	591	527	69	158	26	**5**	6	49	17
1986	中　日	**130**	576	541	56	146	15	1	11	44	**48**
1987	中　日	90	344	317	28	85	12	3	4	26	13
1988	西　武	**130**	589	508	75	154	24	2	7	46	18
1989	西　武	98	437	365	49	98	21	**7**	2	32	6
1990	西　武	123	532	445	55	119	21	4	2	42	23
1991	西　武	125	552	459	60	129	19	6	3	41	13
1992	西　武	122	512	436	57	122	19	1	4	45	15
1993	西　武	100	361	309	17	74	11	2	0	25	4
1994	千葉ロッテ	81	258	229	25	52	5	4	0	15	1
1995	千葉ロッテ	61	141	120	12	27	4	0	0	12	0
1996	千葉ロッテ	23	59	47	6	14	5	0	0	4	0
	通　算	1683	6524	5676	712	1551	234	43	53	479	230

太字はリーグ最高、チーム順位の※は日本一

タイトル・表彰

盗塁王（1986）、ベストナイン（外野手 1988）、
ゴールデン・グラブ賞（外野手 1982、1985-1986、1988-1993）

山岸ロジスターズでの背番号は87

PROFILE

ひらの・けん●1955年６月20日生まれ。愛知県出身。右投両打。身長179㎝、78kg（現役時代）。大山高から名古屋商大を経て78年ドラフト外で中日ドラゴンズ入団。88年西武ライオンズ、94年千葉ロッテマリーンズに移籍し、96年限りで引退。俊足堅守の外野手で86年に盗塁王。リーグ最多犠打は７回を誇り、通算451犠打は史上２位の記録。ベストナイン１回、ゴールデン・グラブ賞９回。通算1683試合、1551安打、53本塁打、479打点、230盗塁、打率.273。引退後、NPBの千葉ロッテ、北海道日本ハムファイターズ、中日、韓国球界の起亜タイガース、社会人の住友金属鹿島（現日本製鉄鹿島）、独立リーグの群馬ダイヤモンドペガサスでコーチを歴任。千葉ロッテでは二軍監督、群馬では監督も務める。2023年からはクラブチームの山岸ロジスターズ監督。YouTube『平野謙の野球道』はボチボチ更新中

雨《あめ》のち晴《は》れがちょうどいい。

67歳《さい》、野《や》球《きゅう》人《じん》生《せい》に忖《そん》度《たく》なし

2023年7月30日　第1版第1刷発行

著者　平《ひら》野《の》 謙《けん》
発行人　池田哲雄
発行所　株式会社ベースボール・マガジン社
〒103-8482
東京都中央区日本橋浜町2-61-9　TIE浜町ビル
電話　03-5643-3930（販売部）
03-5643-3885（出版部）
振替口座　00180-6-46620
https://www.bbm-japan.com/

印刷・製本　共同印刷株式会社

Printed in Japan
1SBN 978-4-583-11624-2 C0075

デザイン＝浅原拓也
校閲＝稲富浩子
写真＝菅原淳（カバー）、BBM、平野謙
編集＝井口英規

SPECIAL THANKS
中日ドラゴンズ
埼玉西武ライオンズ
山岸ロジスターズ